MÉTHODO RAPIDO
RÉUSSIR DANS LE SUPÉRIEUR

Danielle POUGNET

MÉTHO RAPIDO
RÉUSSIR DANS LE SUPÉRIEUR

Édition : BoD • Books on Demand GmbH, In de Tarpen 42,
22848 Norderstedt (Allemagne)
Impression : Libri Plureos GmbH, Friedensallee 273, 22763
Hamburg (Allemagne)

ISBN : 978-2-3225-3683-2
Dépôt légal : septembre 2024

Table des matières

II

Avant-propos

Cet ouvrage répond aux besoins des étudiants de disposer de méthodes de travail pour réussir dans l'enseignement supérieur. Il répond aussi aux besoins des enseignants de disposer de méthodes de fond et de forme pour accompagner et conseiller les étudiants dans leurs productions de savoirs et pour évaluer le mieux possible ces dites productions. L'enjeu est de taille : celui républicain de l'égalité des chances, pour donner un bagage de départ à celles et ceux qui n'ont pas d'héritage culturel à leur disposition ; ou qui ont, pour quelques raisons que ce soit, égaré les apprentissages de bases nécessaires à la réussite dans l'enseignement dit supérieur, celui des universités, des écoles nationales supérieures, mais aussi des écoles professionnelles.

Il présente tout d'abord de façon claire et concise les différentes opérations cognitives et outils rhétoriques nécessaires à l'art de penser, par exemple : décrire, analyser, argumenter, citer, comparer.

Il propose ensuite différentes méthodes de prise de notes et de suivi des cours, de lecture d'ouvrages et d'articles ; des méthodes pour les travaux rédactionnels : comptes rendus, commentaires de texte, rapports, mémoires ou thèses, etc. ; pour les travaux d'exposés et de présentations orales.

Il apporte des méthodes pour penser les situations et objets de recherche, pour problématiser et construire une problématique, pour faire une revue de littérature ou de corpus de textes.

Après la production de savoirs vient le temps de leurs présentations à autrui. Si « *la forme, c'est le fond qui remonte à la surface* » (Victor Hugo), on apprécie alors le souci de donner des repères formels pour l'introduction et la conclusion, les différents plans rédactionnels et connecteurs logiques, mais aussi des consignes pour bien écrire, pour ponctuer et faire respirer les phrases, le rappel de règles de grammaire si compliquées de la langue française.

Cet ouvrage méthodologique répond à un enjeu non moins important que celui, pragmatique, de la professionnalisation : un enjeu de nature politique ! Celui de l'émancipation de (futurs) citoyens et citoyennes qui, pour garantir la vitalité de l'espace démocratique, se doivent de penser par eux-mêmes et donc d'apprendre à comprendre un ensemble de problèmes pernicieux et répondre aux nouveaux défis propres à nos sociétés post-modernes.

Bon apprentissage !

Jean Vannereau

Maître de Conférences en sciences de l'éducation et de la formation

Introduction

Docteure en sciences de l'éducation et de la formation, et formatrice, j'ai eu l'occasion d'accompagner des centaines d'étudiants dans leur parcours académique. Au fil de cette expérience, j'ai observé qu'un grand nombre d'étudiants rencontrent des difficultés dans leurs études supérieures parce qu'ils ont oublié ou ne maîtrisent pas les bases méthodologiques attendues à ce niveau.

Ces lacunes méthodologiques ont un impact significatif sur leur capacité à produire des travaux académiques et à réussir leurs évaluations. Face à cette réalité, de nombreux étudiants m'ont exprimé leur besoin d'un ouvrage qui rappelle ces bases fondamentales. Ce livre est né de cette demande pressante et a été enrichi par leurs contributions directes me permettant ainsi de cibler au mieux les difficultés rencontrées et les solutions à apporter.

En combinant théorie et pratique, ce livre a pour ambition de devenir un guide de référence pour les étudiants. Il vise à fournir un rappel structuré des bases méthodologiques essentielles à leur réussite académique.

Rappel

Il existe de nombreux ouvrages qui expliquent ce qu'est ou plus exactement vous montrent comment « apprendre à apprendre ». Pour faire simple, apprendre est une activité qui implique la mémorisation de données, qu'elles soient écrites ou pratiques. Pour réussir dans cet exercice, il est essentiel de comprendre le contenu de l'information ou de la situation à laquelle vous avez ou vous êtes confronté. Travailler sur ses erreurs est également une approche efficace, car comprendre ce qui n'a pas fonctionné permet d'explorer d'autres méthodes pour réussir. Ainsi, apprendre revient à comprendre et mémoriser des connaissances, en partant toujours de ce que l'on sait déjà. C'est aussi se tromper et être en capacité de comprendre pour pouvoir dépasser une erreur commise. Mais par-dessus tout, l'acte d'apprendre repose surtout sur un besoin de compréhension.

L'objectif ultime de l'apprentissage au-delà de valider des partiels, c'est de pouvoir utiliser, réutiliser et partager les savoirs acquis. Mais comment faire ? Existe-t-il une méthode ?

Avant toute chose, pour mieux mémoriser les cours à apprendre, vous devez :

- Être attentif en classe,
- Écouter et participer en posant des questions ou en répondant à celles qui sont posées,
- Demander des explications quand cela est possible,
- Rechercher des informations supplémentaires pour bien comprendre.

Mais pour apprendre, chacun a sa propre technique car chaque individu mobilise ses savoirs de manière différente. Certains utilisent la mémoire visuelle en se fabriquant ou en visualisant des images mentales, nécessitant l'écriture, la création de fiches et l'utilisation de couleurs. D'autres privilégient la mémoire auditive en apprenant à voix haute, en chanson, etc. Il n'y a pas de règles définitives, l'essentiel étant d'avoir le désir d'apprendre, d'être au calme et concentré. Apprendre inclue la lecture attentive, la relecture.

En résumé, apprendre signifie désirer, car on retient mieux ce qui est utile pour un projet ou répond à une question que l'on s'est posée. Mais attention = LIRE N'EST PAS APPRENDRE.

Pour apprendre

Il est important de partir de ce que l'on connaît déjà, pour apprendre quelque chose de nouveau. Se demander : « qu'est-ce que je connais déjà sur ce sujet ? … ». Il faut créer des liens entre les cours, les évènements, les informations connues et les nouvelles. Se poser des questions sur le sujet ; qui ? quoi ? où ? quand ? pourquoi ? comment ? On retient mieux quand ce qu'on mémorise constitue une réponse à une question que l'on s'est posée.

Réalisez des fiches pour retenir les notions importantes du cours car il faut toujours savoir situer la leçon dans son contexte. Pour cela, structurez l'information en repérant les titres et le plan de la leçon pour en comprendre la structure et l'enchaînement des idées. Les titres et sous titres sont importants. Ils permettent de reproduire le plan du cours sur une fiche.

Retenez les gros points de chaque partie. Apprenez par cœur les conclusions, le vocabulaire, les définitions, les schémas, les dates, les frises... Vous devez connaître la ou les définitions de manière précise et savoir réutiliser ces connaissances, dans une situation nouvelle.

Révisez les Travaux Dirigés et Pratiques.

Refaites les exercices non compris

Quelques idées pour vérifier vos acquisitions

Entraînez-vous à mémoriser comme on s'entraîne à pratiquer un sport. On enregistre mieux les informations en plusieurs fois ! L'ensemble du cours doit être repris le soir même car l'information est récente. Il faut compléter si besoin : les manques et souligner les points importants de votre fiche de révision. Une leçon doit être sue pour le cours suivant. Il vous faut planifier les révisions, prendre de l'avance. Le cerveau sature si on le sollicite trop au dernier moment.

Après ces acquisitions, viens le temps de la restitution orale ou écrite (évaluation, rapport, mémoire…). Il est important de comprendre ce que l'on apprend et ne pas seulement apprendre pour l'évaluation du lendemain. Ces connaissances doivent pouvoir vous servir à d'autres moments.

L'ensemble de ces étapes, se conforme à des principes méthodologiques rigoureux, universellement acceptés par l'enseignement supérieur.
Ce livre est bien plus qu'un simple guide pratique. Il incarne l'esprit de l'apprentissage continu et de l'autonomisation intellectuelle. En vous dotant des compétences méthodologiques solides, il va faciliter votre apprentissage et vous permettre de réaliser les exercices académiques auxquels vous allez être confrontés.
Ces pages sont conçues pour vous guider, pas à pas. Chaque fiche méthodologique est agrémentée de conseils, astuces techniques et exemples, pour vous accompagner vers la maitrise méthodologique et la réussite de vos études.

Danielle Pougnet
Maitre de conférences en Sciences de l'éducation et de la formation.

1. Qu'est-ce qu'une consigne ?

Nombreux sont les étudiants à rencontrer des difficultés face à une consigne. Difficulté de lecture, de compréhension ou encore une méconnaissance du vocabulaire en sont la plupart du temps la cause. Pour réussir votre exercice, votre évaluation et / ou ne pas faire de hors sujet, il est essentiel de bien comprendre ce que l'on vous demande de faire.

Définition
Selon le Dictionnaire le Larousse, une consigne « est une instruction formelle donnée à quelqu'un, qui est chargé de l'exécuter ». Une consigne donne les indications qui permettent d'effectuer, un travail qui vous est demandé. Elle comporte des indicateurs comme :
- L'objectif de la tâche,
- Les moyens à utiliser,
- L'organisation (comme le temps imparti), etc.

Il existe des consignes fermées ou ouvertes qui peuvent être simples, ensemblières ou encore nuancés.

1.1 La consigne fermée

La consigne fermée implique un fort guidage. Il y a une présence d'explications et de conseils. Très précise, elle s'avère rassurante. La réponse attendue est souvent simple : Oui/non, choix multiples, donner une définition de...

Exemple de consigne Fermée :
- Écrire une phrase simple en utilisant uniquement les mots suivants : Chat, Dort, Soleil

Réponse attendue :
« Le chat dort au soleil. »

- La Terre est-elle la troisième planète à partir du Soleil ? Répondez par "oui" ou "non".

Réponse attendue : Oui

- Quel animal parmi ceux-ci est un mammifère ?
  A) Crocodile
  B) Baleine
  C) Serpent
  D) Tortue

Attention : Les consignes peuvent parfois être dites complexes. C'est-à-dire que celles-ci peuvent :
- Contenir plusieurs informations. Plusieurs réponses sont alors attendues.
- Être nuancées. Dans ce cas précis, la question peut contenir une ponctuation, une négation... éléments qui changent le sens de la proposition.

Exemple : Assurez-vous de ne pas commencer la partie B du test avant d'avoir achevé complètement la partie A. Répondez ensuite à la question suivante : Quelle est la capitale de la France ?
A) Paris
B) Londres
C) Berlin

1.2. La consigne ouverte

La consigne ouverte est dépourvue de toute indication. Elle peut être simple ou complexe. Une consigne ouverte simple est une consigne unique ; toutefois, elle n'implique pas pour autant la réalisation d'une tâche simple. En effet, le texte injonctif peut faire référence à une seule demande ou tâche qui peut être difficile à réaliser.

Exemple : Justifier, analyser, disserter…

Une consigne ouverte complexe ou ensemblière, invite à réaliser plusieurs actions. Attention, elle peut être source d'oublis ou de confusion.

Exemple : Après avoir relevé les idées essentielles, vous classerez les verbes de chacune des idées relevées ; sauf les verbes au passé composé. Puis vous justifierez vos choix.

Mémo
- Lisez toujours la consigne dans son intégralité et la relire plusieurs fois s'il le faut.
- « Décortiquez » la consigne :

- o Recherchez le verbe de la commande
- o Recherchez les mots essentiels.
- o Regardez et étudiez la ponctuation et/ou rechercher les nuances
- Repérez les informations qui sont en lien avec la consigne. (écrire sur le/les documents : soulignez les passages intéressants, entourez les éléments importants, écrire vos remarques.)
- Anticipez sur le résultat final, qu'est que l'on me demande, prévoir, réfléchir sur les critères d'évaluation
- Etablissez une liaison entre la commande / la leçon / le texte.
- Planifiez dans le temps et répondre (combien de temps il me faut pour réaliser la consigne par rapport au temps imparti).
- S'il existe plusieurs thématiques dans votre travail, utilisez une couleur pour chaque thématique.
- La ou les réponses doivent être entièrement rédigées.

Selon l'exercice (souvent lors d'un exercice rédactionnel)
- La consigne peut demander de présenter le/les documents.
- La consigne peut demander d'éclairer un ou des aspects précis du ou des documents : nature, date, contexte, auteur… .
- Lors de votre analyse, montrer que vous avez saisi le sens général. Vous devez donc citer le document, éclairer la ou les problématiques.
- Vous devez identifier dans le document les thématiques abordées, puis grâce à vos connaissances vous devez expliquer, analyser…
- Si vous êtes en présence de plusieurs documents, vous devez les confronter : identifiez et expliquez les liens, les points communs et les différences.

Attention : si vous ne connaissez pas vos cours vous ne pourrez pas répondre.

Lorsque la question posée vous demande par exemple de citer trois exemples, vous n'en citez que trois.

Fiche générale d'une réponse à une consigne

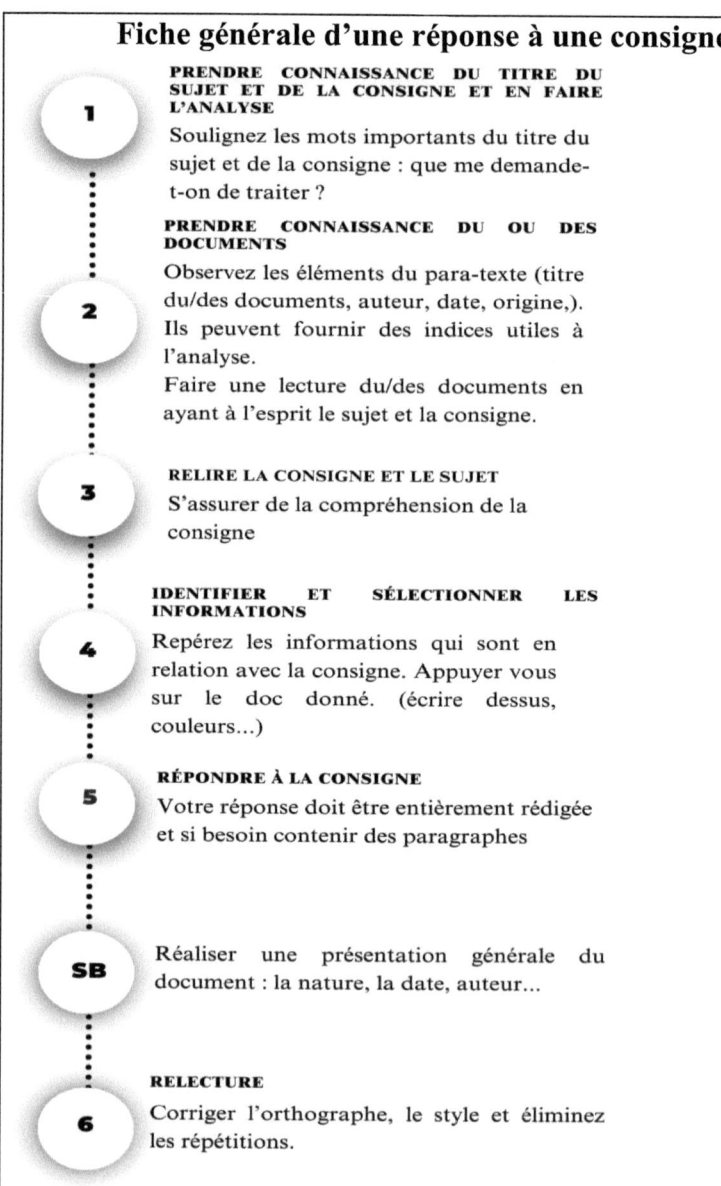

1 **PRENDRE CONNAISSANCE DU TITRE DU SUJET ET DE LA CONSIGNE ET EN FAIRE L'ANALYSE**

Soulignez les mots importants du titre du sujet et de la consigne : que me demande-t-on de traiter ?

2 **PRENDRE CONNAISSANCE DU OU DES DOCUMENTS**

Observez les éléments du para-texte (titre du/des documents, auteur, date, origine,). Ils peuvent fournir des indices utiles à l'analyse.

Faire une lecture du/des documents en ayant à l'esprit le sujet et la consigne.

3 **RELIRE LA CONSIGNE ET LE SUJET**

S'assurer de la compréhension de la consigne

4 **IDENTIFIER ET SÉLECTIONNER LES INFORMATIONS**

Repérez les informations qui sont en relation avec la consigne. Appuyer vous sur le doc donné. (écrire dessus, couleurs...)

5 **RÉPONDRE À LA CONSIGNE**

Votre réponse doit être entièrement rédigée et si besoin contenir des paragraphes

SB Réaliser une présentation générale du document : la nature, la date, auteur...

6 **RELECTURE**

Corriger l'orthographe, le style et éliminez les répétitions.

2. Le vocabulaire des consignes

Ce chapitre se concentre sur les verbes d'action que l'on trouve dans les consignes et la tâche qui s'y réfère. Voici les principaux verbes utilisés.

2.1. Analyser

Analyser, c'est décomposer un document, un tableau, une situation… en ses éléments essentiels en faisant ressortir les liens entre eux, puis examiner chacune de ces parties. L'analyse va plus loin que la description, car elle décompose l'objet en parties. Elle se distingue de l'explication en ce qu'elle ne cherche pas l'origine, le fonctionnement et le but mais divise l'être, la situation ou l'objet pour mieux les comprendre. Elle prépare l'explication, le commentaire, la synthèse, l'argumentation…

2.2. Argumenter

Argumenter, c'est tenter de convaincre à l'aide de raisonnements, d'explications et d'exemples. L'argumentation est toujours basée sur des raisonnements et non sur des faits.

Indicateurs : réponse en 2 ou 3 temps
- Définition du concept
- Illustrer ou citer un exemple
- Absence du « je » pour gagner en objectivité (sauf si l'on vous demande votre avis)
- Pertinence de l'argumentation ou de la justification
- Diversité des arguments

- Absence de jugement de valeur (argument démontré, fiable).

La réponse à cette consigne, nécessite la maitrise des concepts pour pouvoir appuyer son argumentation.

Exemple

Thèse : L'éducation est un pilier fondamental du développement individuel et sociétal, jouant un rôle essentiel dans la construction d'une société prospère et éclairée. Ne pas oublier de donner la définition de l'éducation + exemple pour appuyer chaque argument.

Argument 1 : L'éducation favorise l'autonomie et l'émancipation individuelle. En acquérant des connaissances et des compétences, les individus sont mieux équipés pour prendre des décisions dans leur vie personnelle, professionnelle. Par conséquent, ils sont moins susceptibles de tomber dans des schémas de dépendance et de manipulation.

Argument 2 : L'éducation est un moteur de l'égalité des chances. En garantissant à tous un accès équitable à l'éducation, indépendamment de leur origine sociale ou économique, nous favorisons la mobilité sociale et réduisons les inégalités. Une société où chacun a la possibilité de développer son potentiel contribue à la cohésion sociale et à la stabilité.

Argument 3 : L'éducation est un levier de développement économique. Des individus instruits sont plus aptes à trouver un emploi, à entreprendre et à innover. De plus, les investissements dans l'éducation ont un effet multiplicateur sur l'économie, en stimulant la productivité, la croissance et l'innovation.

Argument 4....

2.3.Citer

Citer consiste à rapporter les paroles, les écrits, les travaux de recherche d'un ou de plusieurs auteurs, en sélectionnant les éléments sur lesquels on peut s'appuyer pour étayer ce que l'on dit.

Indicateurs :
- Respect de la pensée de l'auteur
- Respect des normes de présentation (guillemets, identité, date, support…)
- Cohérence entre le choix de la citation et le propos.

> **Exemple** : De Gaulle (1944) « Paris outragé ! Paris brisé… Mais Paris libéré ! »

Citer peut également vouloir dire énumérer, désigner, indiquer, donner… Dans ce cas, la consigne vous apportera un indicateur supplémentaire qui vous précisera le nombre exact, d'objets qu'il vous faudra citer.

> **Exemple** : Citer trois rois de France.

2.4. Commenter

Commenter consiste à expliquer un texte, puis à s'interroger sur son contenu et sa portée. A la différence du résumé et de la synthèse, qui demandent une totale objectivité, le candidat est invité pour cette épreuve à présenter sa vision de la problématique et à l'illustrer. Quand on fait un commentaire, il faut choisir de privilégier certains aspects de la question.

Attention, dans le contexte scolaire et dans la vie de tous les jours, commenter, a un sens différent. Dans la vie de tous les jours, commenter, c'est donner son avis, faire une remarque personnelle. Dans le contexte scolaire et universitaire, commenter, c'est faire des remarques, des observations sur des faits, des textes ou des événements pour les expliquer.

Indicateurs
- Respect des consignes
- Absence du « je » privilégiez le « on » ou le « nous »
- Identification de la problématique dans le contexte
- Adéquation des idées développées avec la problématique
- Richesse des connaissances mobilisées
- Singularité de la vision développée

Exemple : Commentaire du poème « Ballade » de Moysan Stéphen
« Longue marche sans que le ciel ne bouge.
Aller pieds nus sur les rochers un danger agréable.
Au bord de l'eau poussent des fleurs sur les maillots
de bain. »

Ce poème intitulé « Longue marche » est bref mais dense en images évocatrices et en sensations contrastées. Il semble exprimer une expérience de voyage ou de marche, où l'observateur se trouve dans un état contemplatif face à la nature.

La première strophe, « Sans que le ciel / Ne bouge », crée une atmosphère de calme et de stabilité. Le ciel, habituellement en mouvement avec les nuages ou la rotation de la terre, est immobile, peut-être reflétant une pause dans le temps ou une sensation d'éternité.

La deuxième strophe, « Aller pieds nus / Sur les rochers / Un danger agréable », juxtapose l'idée de danger avec le plaisir de l'expérience. Marcher pieds nus sur des rochers peut être risqué, mais l'adjectif « agréable » suggère une forme d'excitation ou de frisson plaisant qui accompagne cette aventure.

La troisième strophe, « Au bord de l'eau / Poussent des fleurs / Sur les maillots de bain », offre une image saisissante de contraste. Les fleurs qui poussent sur les maillots de bain laissés au bord de l'eau évoquent une scène surréaliste, mêlant la nature et la civilisation de manière inattendue. Cette image peut symboliser la coexistence harmonieuse de la nature et de l'homme, ou souligner l'éphémère de nos possessions matérielles face à la perpétuité de la nature.

En résumé, « Longue marche » invite à une réflexion sur le temps, le mouvement, les sensations et la relation entre l'homme et la nature, en utilisant des images simples mais suggestives pour évoquer une atmosphère poétique et contemplative.

2.5.Comparer

Comparer consiste à identifier les ressemblances et les différences de plusieurs réalités, phénomènes ou points de vue de manière à dégager une conclusion.

Indicateurs
- Absence du « je »
- Identification des ressemblances
- Identification des différences
- Liens avec la conclusion émise

Exemple : La voiture électrique est plus respectueuse de l'environnement que la voiture à essence, car elle ne produit pas de gaz d'échappement. Cependant, la voiture à essence a souvent une plus grande autonomie, permettant de parcourir de plus longues distances sans avoir besoin de recharger ou de faire le plein aussi fréquemment…

2.6.Critiquer

Critiquer consiste à porter un jugement personnel sur un texte ou une idée. La critique peut comporter une analyse, qui permettra une appréciation plus précise de chaque partie ou de chaque aspect de l'objet de la critique. Quand on critique, on donne son opinion.

Exemple : Le film "XYZ" manque cruellement de profondeur et de cohérence. Bien que les effets spéciaux soient impressionnants, le scénario laisse à désirer avec des personnages peu développés et des dialogues souvent clichés. La tentative de mélanger plusieurs genres finit par rendre l'intrigue confuse et décousue, ce qui empêche le spectateur de s'investir pleinement dans l'histoire. De plus, la performance de certains acteurs paraît forcée, comme s'ils n'étaient pas convaincus par le rôle qu'ils interprètent. En résumé, malgré quelques qualités visuelles, "XYZ" échoue à offrir une expérience cinématographique satisfaisante.

2.7. Décrire

Décrire, c'est détailler les caractéristiques (qualités, parties d'un texte...) essentielles d'un phénomène (événement, personnage, concept, objet...) en exposant les détails, sans donner son opinion.

Indicateurs
- Absence du « je »
- Identification des éléments essentiels (qui, quoi, où, quand, comment, pourquoi)
- Diversité et précision des détails
- Richesse et exactitude du vocabulaire
- On ne donne pas son opinion, il faut relater les faits.

Exemple : La maison de campagne est nichée au cœur d'un paysage pittoresque. Entourée de champs verdoyants et de collines ondulantes, elle se dresse fièrement avec ses murs de pierre anciens et son toit en tuiles rouges. Un sentier sinueux bordé de lavande mène à la porte d'entrée en bois massif, ornée d'une poignée en fer forgé. À l'intérieur, les pièces sont chaleureuses et accueillantes, avec des poutres apparentes au plafond et des sols en terre cuite. Le salon est dominé par une grande cheminée en pierre où crépite un feu de bois, créant une atmosphère cosy. De grandes fenêtres laissent entrer une lumière douce, offrant une vue imprenable sur le jardin fleuri et le verger, où des pommiers et des cerisiers se balancent doucement au gré du vent.

2.8. Définir

Définir, c'est donner la signification complète de notions, de propositions, de mots, en évitant les détails inutiles.

Indicateurs
- Précision du vocabulaire
- Exactitude et exhaustivité de la réponse

2.9. Démontrer

Démontrer, c'est établir le bien-fondé d'un énoncé (d'une hypothèse, d'une affirmation) en s'appuyant d'abord sur des faits, des chiffres et des théories, mais aussi sur des raisonnements, des exemples.

Indicateurs
- Faire appel à des connaissances (exemple : règles de mathématique ou de géométrie)
- Identification des éléments de preuve
- Exactitude des éléments de preuve
- Cohérence du lien avec l'affirmation
- Absence du « je »

Exemple : Théorème : Préparer une liste de courses avant d'aller au supermarché permet d'économiser du temps et de l'argent.

Démonstration :
Élaboration de la liste : Avant de se rendre au supermarché, on rédige une liste de tous les articles nécessaires pour la semaine. Cette liste est basée sur les repas planifiés et les articles ménagers manquants.

Gain de temps : On évite de parcourir les allées du supermarché de manière aléatoire. On sait exactement ce qu'il faut acheter et où le trouver. Cela réduit considérablement le temps passé sur place.

Économie d'argent : Une liste de courses permet de se concentrer uniquement sur les articles nécessaires, évitant ainsi les achats impulsifs de produits non essentiels. On compare les prix et choisit les articles en fonction des promotions planifiées.

Réduction du gaspillage alimentaire : En achetant seulement ce qui est nécessaire, on réduit le risque de gaspillage alimentaire. On achète des quantités adaptées aux besoins de la semaine, évitant ainsi que des aliments périssables ne se retrouvent à la poubelle.

Conclusion : Préparer une liste de courses avant d'aller au supermarché permet d'économiser du temps et de l'argent. En se concentrant sur les articles listés, on réduit le temps passé en magasin et on diminue le gaspillage alimentaire. Les études et témoignages appuient cette pratique, démontrant son efficacité dans la gestion quotidienne des courses.

2.10.Elaborer

Elaborer, c'est produire au terme d'un long travail de réflexion un projet, une action, un raisonnement...fiable et réalisable.

Indicateurs
- Sélection des objectifs à atteindre
- Identification de la cible

Exemple non exhaustif d'un Projet : Mettre en place un programme de mentorat pour favoriser le développement professionnel des employés, améliorer la satisfaction au travail et renforcer la culture d'entreprise.

Étapes de l'élaboration :

Analyse des besoins :

Sondage interne : Réaliser un sondage auprès des employés pour identifier leurs besoins en matière de développement professionnel et leurs attentes concernant un programme de mentorat.

Consultation des managers : Discuter avec les managers pour comprendre les compétences et les domaines où le mentorat serait le plus bénéfique.

Analyse des données RH : Examiner les données des ressources humaines pour identifier les domaines où le taux de rétention peut être amélioré et les compétences qui nécessitent un renforcement.

Définition des objectifs du programme :

Développement des compétences : Aider les employés à développer des compétences spécifiques et à atteindre leurs objectifs de carrière.

Soutien à l'intégration : Faciliter l'intégration des nouveaux employés en leur offrant un soutien personnalisé.

Conception du programme :

Structure et format : Définir la durée du programme (par exemple, 6 ou 12 mois), le format (rencontres individuelles, ateliers, sessions de groupe) et la fréquence des rencontres (mensuelles, bimensuelles).

Critères de sélection : Déterminer les critères de sélection des mentors et des mentorés. Les mentors devraient avoir une expérience et des compétences avérées, tandis que les mentorés devraient être motivés et ouverts à l'apprentissage.

Formation des mentors :

Ateliers de formation : Organiser des ateliers pour former les mentors sur les meilleures pratiques du mentorat, les compétences en communication et la manière de fixer des objectifs SMART (spécifiques, mesurables, atteignables, pertinents, temporels).

Guides et ressources : Fournir des guides et des ressources pour aider les mentors…

2.11. Enumérer, nommer

Enumérer, nommer, c'est énoncer successivement les parties d'un ensemble, les donner avec précision et en détail.

Indicateurs
- Identification des éléments
- Exhaustivité de la réponse
- Précision du vocabulaire

Exemple : énumération des étapes pour organiser un événement

Planification :
Fixer la date et l'heure de l'événement.
Choisir le lieu approprié.
Établir un budget prévisionnel.
Logistique :
Réserver le lieu et les équipements nécessaires.
Organiser le transport si nécessaire.
Prévoir la gestion des inscriptions et des participants......

2.12. Envisager

Envisager, c'est prendre en considération les éléments d'un fait ou d'une situation pour prévoir les conséquences et proposer les suites à pouvoir apporter.

Indicateurs
- Justification du choix effectué
- Mobilisation de connaissances fiables
- Proposition d'hypothèses

Exemple non exhaustif : Envisager l'expansion d'une entreprise dans un nouveau marché. Lorsqu'une entreprise envisage d'expansion dans un nouveau marché, elle doit suivre plusieurs étapes stratégiques.

Analyse du marché cible :
Évaluer la taille et la croissance potentielle du marché.
Identifier les segments de marché et les clients cibles.
Analyser la concurrence existante et les tendances du marché.

Étude de faisabilité :
Examiner les barrières à l'entrée telles que la réglementation, les aspects juridiques et les exigences locales.
Évaluer la capacité de l'entreprise à répondre aux besoins spécifiques du marché cible.
Estimer les coûts d'expansion et les ressources nécessaires.

Planification stratégique....

2.13. Expliquer, expliciter

Expliquer, c'est donner du sens à un fait, un phénomène, une situation présentée en s'appuyant sur les éléments (mots, phrases, chiffres...) d'un document, d'un ouvrage, de la situation et faire des liens avec des connaissances acquises et fiables. Expliciter, demande d'aller encore plus dans le détail.

Indicateurs :
- Absence du « je »
- Identification des éléments caractéristiques (cause origine, fonctionnement, finalité)
- Adéquation entre les éléments caractéristiques et les connaissances mobilisées.

Exemple : Explication de la photosynthèse

La photosynthèse est le processus par lequel les plantes, les algues et certaines bactéries convertissent la lumière du soleil en énergie chimique utilisable, sous forme de glucose, tout en produisant de l'oxygène comme sous-produit. Voici les étapes clés de ce processus.

Absorption de la lumière :
Les plantes possèdent des pigments chlorophylliens (principalement chlorophylle a et b) dans leurs chloroplastes. Ces pigments absorbent la lumière du soleil, principalement dans les longueurs d'onde bleue et rouge..

2.14.Illustrer

Illustrer, c'est appuyer une idée, une thèse, une argumentation par des exemples, des commentaires, propres à la rendre plus claire.

Indicateurs
- Pertinence de l'exemple ou du commentaire
- Cohérence entre l'idée, la thèse ou l'argumentation et l'exemple ou le commentaire

Exemples :
Pour illustrer le concept de la gravité et de l'accélération due à la chute libre, imaginez un objet, comme une pomme, tombant d'un arbre vers le sol. Voici comment l'illustration pourrait aider à comprendre ce qui se passe Dessinez un arbre avec une pomme suspendue à une branche. Tracez une flèche pointant vers le bas pour montrer la direction de la chute de la pomme vers le sol. Utilisez des flèches pour représenter la force gravitationnelle qui attire la pomme vers le centre de la Terre. Ajoutez une flèche de force de réaction du sol, qui est la force exercée par le sol sur la pomme lorsqu'elle le

frappe. Indiquez des flèches d'accélération montrant comment la vitesse de la pomme augmente à mesure qu'elle tombe. Marquez des intervalles de temps pour montrer comment la vitesse de la pomme augmente de manière constante en raison de la gravité terrestre. N'publiez pas une conclusion.

L'éducation favorise l'autonomie et l'émancipation individuelle. En acquérant des connaissances et des compétences, les individus sont mieux équipés pour prendre des décisions dans leur vie personnelle, professionnelle. Par conséquent, ils sont moins susceptibles de tomber dans des schémas de dépendance et de manipulation **(illustration : comme ont pu le démontrer les chercheurs X et Y dans leur recherche sur la dépendance...)**

2.15.Identifier

Identifier c'est préciser la nature de quelque chose, son type, sa catégorie, pouvoir dire ce que c'est.

Indicateurs
- Identification des éléments caractéristiques
- Précision du vocabulaire
- Diversité et précision des détails

2.16. Justifier

Justifier, c'est utiliser des arguments pour appuyer un acte ou une idée. *Justifier* est différent d'*argumenter*, de *démontrer* et de *prouver* dans la mesure où on justifie toujours pour montrer qu'on a raison d'agir, de penser ou de conduire un raisonnement de telle ou telle manière.

> **Exemple** : L'activité humaine participe du réchauffement climatique (**argument**). En 2022, la température moyenne sur la planète terre était environ 1,15 °C au-dessus des températures moyennes de l'ère pré-industrielle (avant 1850). (**justification**)

2.17. Légender

Légender signifie fournir une explication ou une description des éléments contenus dans un dessin, une image, une carte, un croquis, un schéma, un tableau. Cela implique généralement d'ajouter des étiquettes, des titres, des couleurs, des flèches ou des descriptions à chaque composant du schéma afin de clarifier son contenu et de faciliter sa compréhension pour le lecteur.

Indicateurs
- Mettre un titre
- Précision du vocabulaire
- Faire des flèches si besoin
- Ne pas oublier de faire un tableau récapitulatif si vous utilisez des symboles et couleurs

3. Les différents types de lecture

Comprendre un texte est un exercice qui demande un effort car lorsque vous lisez un texte, vous êtes obligés de construire son sens dans votre tête. ... Lire est donc une activité intellectuelle exigeante. Sans vous en rendre compte, vous faites constamment des hypothèses sur ce qui va suivre (les lettres à l'intérieur d'un mot, les mots dans une phrase, les faits dans un texte), vous avez des attentes qui vont être infirmées ou confirmées par la suite. C'est une interaction entre vous (vos connaissances sur le monde, sur le sujet du texte, votre vécu, ...) et le texte ; mais aussi entre les informations à l'intérieur du texte (par exemple : la fin peut aider à comprendre le début).

Il existe plusieurs types de lecture, chacun ayant ses propres objectifs et méthodes. Voici quelques-uns des principaux types de lecture :

- La lecture récréative : C'est une lecture faite pour le plaisir et le divertissement. Les romans, les bandes dessinées et les magazines sont souvent lus de cette manière.
- La lecture exploratoire ou le survol d'un texte : C'est une lecture rapide pour avoir un aperçu général du contenu d'un texte avant de décider s'il vaut la peine d'être étudié plus en profondeur.
- La lecture active : Ce type de lecture implique une participation active du lecteur. Il peut s'agir de prendre des notes, de surligner des passages importants, de poser des questions ou de discuter du texte avec d'autres personnes.
- La lecture sélective : On lit sélectivement pour extraire des informations spécifiques d'un texte, souvent en cherchant des réponses à des questions particulières sans nécessairement lire tout le contenu.

- La lecture analytique : Ce type de lecture implique une analyse approfondie du texte. On cherche à comprendre en détail le contenu, à identifier les thèmes, les idées principales et les nuances.
- La lecture critique : Ici, on évalue de manière critique le contenu du texte. On examine les arguments présentés, la validité des informations et on développe une opinion personnelle argumentée.

Chaque type de lecture a ses propres avantages et est utilisé en fonction de l'objectif du lecteur et du type de texte à lire. Pour rappel : Décider de ne pas lire un texte, un livre… est un choix stratégique. Lire c'est choisir !

- L'écrémage : trier les informations.
- Le repérage : rechercher une information précise à l'aide d'un dictionnaire, d'un annuaire, d'un article…ou encore les idées essentielles.
- L'étude approfondie : sélectionner des passages intéressants pour mieux comprendre et mémoriser des informations. Pour se faire : effectuer un nouveau survol, souligner des mots, prendre des notes, dégager des pistes de recherche.

3.1. La lecture exploratoire ou le survol d'un texte

Cette stratégie permet de prendre connaissance de la nature d'un document (livre, article, extrait, …) et de son contenu pour décider si vous décidez de lire tout le document ou seulement des parties intéressantes repérées, ou au contraire son abandon. Elle se réalise donc à chaque fois que vous êtes face à un document.

Avant toute chose, il vous faut réaliser une lecture périphérique pour prendre connaissance du document ou plus exactement il vous faut regarder :

- Le document : type de document, son auteur, son titre, sa date de publication...
- Le chapeau de l'article
- La thématique abordée
- Les mots clefs
- L'introduction : Les intentions de l'auteur, à qui s'adresse-t-il ?
- La conclusion : A quoi aboutit l'auteur ? Les conclusions et les questions restées en suspens.
- Sonder le texte : Le style, le vocabulaire, la structure générale

Dans un même temps, demandez-vous :
- Pourquoi est-ce que je lis ce document ? qu'est-ce que je recherche ?
- Qui fait quoi, où, quand, comment, combien, pourquoi... ?
- Est-ce que ce texte répond à mes attentes ?

Faire un bilan : 3 solutions.
- La lecture s'arrête là si : j'ai assez d'éléments, ce document ne répond pas à mes attentes, il est bien trop long pour être lu dans le temps dont je dispose...
- Je réalise une lecture sélective. C'est-à-dire que je li seulement des passages du texte ou du livre.
- Je lis l'intégralité car : j'ai repéré des passages intéressants, je suis intéressé par la totalité.

3.2.La lecture sélective

Après avoir effectué une lecture périphérique, vous avez décidé de réaliser une lecture sélective. Celle-ci implique de cibler spécifiquement certaines parties d'un texte plutôt que de le lire dans son intégralité. Voici quelques étapes pour effectuer une lecture sélective de manière efficace.

Avant toute chose, identifiez clairement vos objectifs. Que recherchez-vous dans ce texte ? Des informations spécifiques, une compréhension générale, des exemples concrets, etc.

Puis, examinez la structure du texte.
- Passez en revue la table des matières, les titres, les sous-titres et tout résumé ou introduction. Cela vous donnera un aperçu de la manière dont le texte est organisé.
- Faites défiler rapidement le texte pour obtenir une vue d'ensemble. Concentrez-vous sur les paragraphes d'introduction et de conclusion, ainsi que sur toute section mise en évidence ou formatée de manière différente.

Dans un même temps,
- Identifiez les mots-clés ou des phrases qui sont directement liés à vos objectifs de lecture. Cela peut inclure des termes techniques, des noms propres, ou des concepts spécifiques.
- Recherchez spécifiquement les parties du texte qui contiennent vos mots-clés. Cela peut impliquer de sauter d'une section à l'autre en utilisant les titres et les sous-titres comme guides.

Après avoir effectué ce travail de « recherche et d'identification de vos besoins »

- Lisez les sections qui répondent à vos besoins. Vous n'avez pas besoin de lire chaque mot. Lisez attentivement les parties qui semblent les plus pertinentes.
- Prenez des notes comme les informations importantes, les citations clés et les idées essentielles. Cela vous aidera à récapituler rapidement les points importants en lien avec votre sujet.

Remarque : Ignorez les détails non essentiels. Si votre objectif est spécifique, ne vous attardez pas sur des détails qui ne contribuent pas à la réalisation de vos objectifs.

La lecture sélective demande de la pratique pour être maîtrisée, mais elle peut vous faire gagner du temps tout en vous permettant d'extraire les informations essentielles dont vous avez besoin.

3.3. La lecture intégrale d'un document

La lecture intégrale d'un document peut être une tâche complexe et exigeante, mais elle est essentielle pour une compréhension approfondie des concepts présentés. La lecture intégrale d'un document peut varier en fonction du type de livre. Voici une méthodologie générale pour aborder la lecture intégrale d'un livre.

Avant toute chose, il vous faut :
- Identifiez clairement pourquoi vous lisez le livre. Est-ce pour le plaisir ou pour acquérir des connaissances spécifiques, effectuer une revue de la littérature, ou pour un travail académique ?
- Explorez les antécédents de l'auteur, les travaux similaires, et le contexte scientifique dans lequel le livre a été écrit.

- Examinez la structure du livre pour comprendre la progression logique de l'argumentation. Aidez-vous de la table des matières et lisez l'introduction et la conclusion. Ces sections fournissent généralement un résumé du sujet, des objectifs de l'auteur et des conclusions principales.

Puis réaliser la lecture active et détaillée du livre sélectionné.
- Lisez le document dans son intégralité.
- Essayez de comprendre le document dans son contexte, en tenant compte de l'auteur, de l'époque où il a été écrit, des événements historiques et culturels qui pourraient l'influencer.

Dans un même temps, approfondissez de manière détaillée votre lecture.
- Au fur et à mesure de la lecture notez les concepts clés : Prenez des notes et / ou surligner les passages qui vous semble important, les concepts scientifiques essentiels, les définitions, les modèles théoriques, etc.
- Identifiez les résultats et conclusions : Repérez les résultats des études ou les conclusions importantes qui sont présentés dans le livre.
- Pensez à résumer chaque section du livre pour consolider votre compréhension.

A la fin de votre lecture, faire une synthèse. Résumez les points principaux, thèmes et idées du livre (ou de l'intégralité des chapitres). Faites une synthèse de vos notes pour consolider votre compréhension. Établissez des liens entre les concepts : Identifiez les connexions entre les différents concepts présentés dans le livre.

Application des connaissances et conseils supplémentaires

- Réfléchissez à la manière dont les idées du document peuvent être appliquées dans votre propre domaine d'étude ou de recherche.
- La lecture intégrale d'un document scientifique demande de la patience, de la concentration et de l'engagement. N'hésitez pas à prendre des notes, à revenir en arrière si nécessaire et à consulter d'autres sources pour approfondir votre compréhension.
- Utilisez des ressources supplémentaires (articles, analyses, critiques) pour enrichir votre compréhension. Croiser vos lectures pour confronter vos interprétations et élargir votre vison du monde, votre questionnement.

4. Compréhension d'un texte

Après avoir réalisé le survol d'un texte, vous avez décidé de lire une partie ou l'intégralité du livre ou du document que vous avez sélectionné. Comment faire ?

Vous avez déjà réalisé :
- Une lecture des périphériques : Le titre, la source, l'année de publication, l'aide lexicale, l'introduction : toutes ces informations aident à situer le contenu, à se faire une idée du sujet dont il va s'agir et cela favorise la formation des hypothèses qui guideront votre compréhension. Je choisi le texte.
- Une lecture globale : Vous vous êtes posé un certain nombre de questions pour parvenir à percevoir :
  - L'idée générale du texte.
  - Le thème développé : de quoi parle le texte ?
  - La thèse présentée : que pense l'auteur du sujet qu'il développe ? Qu'en dit-il ? Que démontre-t-il ?...

Il vous faut maintenant faire une lecture détaillée pour comprendre et analyser votre document.

La lecture détaillée

Repérer les mots clés : ce sont les mots importants du paragraphe, les mots outils ou connecteurs logiques. (les encadrer). Ces articulations permettent de repérer les différentes idées de l'auteur. Grâce à cela vous pouvez délimiter les unités de sens. C'est-à-dire, les limites d'une idée et de ses compléments, de manière à percevoir l'organisation du texte. Souvent le paragraphe délimite une unité de sens.

Repérer les idées essentielles et secondaires au sein de ces unités de sens. Elles sont associées à des explications et des illustrations (exemples) qui les commentent ou les nuancent.

A la fin de ces étapes, vous pouvez poser les hypothèses de sens retenues afin de faciliter le travail demandé. Cette étape va permettre la rédaction brève et concise d'un brouillon, qui sert à clarifier le texte étudié et qui doit permettre de ne plus revenir au texte.

Vous devrez hiérarchiser avec la plus grande objectivité possible, les idées de l'auteur, en toute liberté et de façon exhaustive ; ce qui va permettre l'élaboration d'un plan du texte de façon schématique.

Cette ébauche vous permettra de rédiger une note d'analyse, un résumé, un commentaire ou une synthèse ; ce qui vous servira tout au long de votre formation et de votre carrière.

5. Qu'est-ce qu'une idée essentielle et comment la trouver ?

Définition
Une idée essentielle est le concept central ou le point déterminant d'un texte, d'un discours, d'une présentation ou d'un argument. C'est l'idée principale que l'auteur ou le communicateur souhaite transmettre à son public. Pour repérer l'idée essentielle dans un texte ou une communication, vous pouvez suivre ces étapes :

Identifier les thèmes récurrents
Cherchez des mots, des phrases ou des idées qui reviennent fréquemment tout au long du texte. Les répétitions sont souvent un indicateur de l'idée principale.

Repérez les titres, les sous-titres ou les rubriques : Souvent, dans un texte, l'idée essentielle est résumée dans le titre principal, les sous-titres ou les rubriques. Lisez-les attentivement pour obtenir une idée générale de ce dont traite le texte.

Examinez le premier et le dernier paragraphe : Souvent, l'idée essentielle est introduite dans le premier paragraphe, puis résumée ou renforcée dans le dernier paragraphe. Ces parties du texte sont souvent des points clés pour identifier l'idée principale.

Recherchez des mots ou des phrases clés utilisés par l'auteur. Ces mots ou phrases sont souvent les plus importants pour comprendre le sujet.

Identifiez les arguments ou les preuves : Les arguments ou les preuves avancés dans le texte sont souvent liés à l'idée essentielle.

Ils servent à soutenir ou à renforcer cette idée. En identifiant les arguments principaux, vous pouvez trouver l'idée centrale.

Regardez comment les différentes parties du texte sont connectées. La façon dont le texte est structuré peut également vous donner des indices sur l'idée essentielle. Les idées secondaires ou les détails sont généralement organisés autour de l'idée principale.

Posez-vous des questions : Pour vous assurer d'avoir bien identifié l'idée essentielle, posez-vous des questions telles que : « De quoi parle ce texte en fin de compte ? », « Quelle est la principale conclusion ou affirmation de l'auteur ? », « Quel est le message central que l'auteur veut transmettre ? ».

En utilisant ces techniques, vous devriez être en mesure de repérer l'idée essentielle dans un texte ou une communication, ce qui facilitera grandement votre compréhension et votre capacité à résumer le contenu.

Exemple

Le Petit Villageois

Volume 10, Issue 3 March 2003

LE JOURNAL DES NOUVELLES LOCALES ET DES AVENTURES EXTRAORDINAIRES

Un Jeune Explorateur découvre un trésor caché dans la Forêt Voisine

par DP

Il était une fois, dans notre charmant village niché entre deux collines verdoyantes, un jeune garçon nommé Léo, âgé de dix ans, qui a récemment vécu une aventure digne des plus grands explorateurs. Léo, qui vit avec ses parents dans une maison en pierre recouverte de vigne vierge, a toujours nourri le rêve secret de découvrir des terres inconnues, inspiré par les héros des livres qu'il lit à la lueur d'une bougie chaque soir.

Un jeune garçon nommé Léo, âgé de dix ans, a récemment vécu une aventure digne des plus grands explorateurs. Léo, qui vit avec ses parents dans une maison en pierre recouverte de vigne vierge, a toujours nourri le rêve secret de découvrir des terres inconnues, inspiré par les héros des livres qu'il lit à la lueur d'une bougie chaque soir.

La Découverte d'une Vie

Le destin de Léo a pris un tournant inattendu lorsqu'il a trouvé une vieille carte délavée coincée entre deux pierres près de la rivière. La carte mystérieuse menait à un trésor caché dans la forêt voisine, un endroit souvent évité par les villageois en raison de sa densité et de ses mystères.

L'Aventure Commence

Sans perdre de temps, Léo s'est préparé avec quelques provisions et son sac à dos, prêt à suivre les indications de la carte.

La forêt, peuplée de bruits inconnus et de l'ombre des arbres centenaires, n'a pas effrayé notre jeune aventurier. Traversant des ruisseaux scintillants et des clairières baignées de lumière, Léo a persévéré malgré la fatigue.

Après plusieurs heures de marche, Léo a finalement atteint une petite grotte dissimulée derrière une cascade, marquée d'une croix rouge sur la carte. À l'intérieur, il a découvert une boîte en bois ornée de motifs étranges. À l'ouverture de cette boîte, Léo a trouvé des pierres précieuses et un vieux journal relatant l'histoire d'un explorateur qui avait caché ce trésor pour qu'il soit découvert par quelqu'un de courageux et digne de poursuivre son aventure.

Une Leçon de Vie

Rempli de fierté, Léo a compris que la vraie richesse réside non seulement dans les trésors matériels mais surtout dans les aventures et les histoires qu'on peut raconter. Il est rentré chez lui le cœur léger et l'esprit plein

de nouvelles idées d'exploration. Ses parents, d'abord inquiets, ont finalement été soulagés et fiers de son courage et de sa découverte.

Un Futur Prometteur

Depuis ce jour, Léo continue d'explorer les environs du village, toujours à la recherche de nouveaux mystères à résoudre. Son esprit aventureux et sa détermination ont fait de lui un jeune homme respecté et admiré par tous. Bien qu'il ait découvert de nombreux trésors au fil des ans, celui qui reste le plus précieux à ses yeux est le premier, celui qui l'a transformé en véritable explorateur.

L'histoire de Léo nous rappelle que, parfois, les rêves les plus fous peuvent devenir réalité, surtout pour ceux qui ont le courage de les suivre. Notre village est fier d'avoir un jeune explorateur parmi nous, et nous attendons avec impatience de voir quelles autres aventures Léo vivra dans le futur.

Plusieurs thèmes	
Thèmes	**Démonstrations**
Aventure et exploration	Léo vit une aventure inspirée par ses rêves d'exploration.
Courage et persévérance	Léo fait preuve de courage en s'aventurant dans une forêt dense et mystérieuse. Une détermination à suivre le message d'une carte malgré la fatigue
Découverte et mystère	La carte mystère et la forêt voisine rempli de secrets. La révélation du trésor caché et les histoires.
Valeur et aventure	La réalisation que les vraies richesses sont les aventures vécues et les histoires racontées. La fierté et les leçons de vies apprises.
Famille et fierté	Les parents de Léo inquiets, finissent par être fiers de lui. Le soutien familial et la fierté partagée.
Inspiration et aspiration	Léo devient un modèle pour les autres par ses exploits. La poursuite continue de mystères et d'aventures
Croissance personnelle	L'évolution de Léo en un explorateur respecté et admiré. Le développement de son esprit aventureux et de sa détermination.

Idées essentielles par paragraphes	
Paragraphes	**Idées essentielles**
Intro : présentation du personnage et de son rêve	Léo un jeune garçon rêveur de 10 ans, aspire à devenir un exploratoire.
Découverte d'une vie	Léo trouve une vieille carte mystérieuse menant à un trésor caché.
L'aventure commence	Léo se prépare puis s'aventure dans la forêt, bravant les défis de la nature avec courage et détermination.
Découverte du trésor	Après une marche longue et difficile, Léo trouve une grotte et découvre un trésor accompagné d'un vieux journal.
Une leçon de vie	Léo comprend que les vraies richesses résident dans les aventures et les histoires, non dans les trésors matériels.
Un futur	Léo continue de chercher de nouveaux mystères et devient un explorateur respecté.
Conclusion inspirante	L'histoire de Léo montre que les rêves peuvent devenir réalité avec du courage et de la détermination.

6. Un outil d'analyse : la méthode QQOCQP

Définition

La méthode QQOQCP est un outil d'analyse et de clarification fréquemment utilisé en gestion et en résolution de problèmes. Elle est donc utile pour analyser une situation X ou Y présent dans un texte, un vécu... L'acronyme Qui Quoi Où Quand Comment Pourquoi représente les six questions clés que vous pouvez poser pour analyser une situation, un problème ou un projet.

QQOQCP	
Qui	Qui est impliqué dans la situation ou le projet ? Qui sont les acteurs, les parties prenantes ou les personnes concernées ?
Quoi	Quel est l'objet de l'analyse ? Quels sont les éléments, les faits ou les aspects spécifiques ?
Où	Où se déroule la situation ou le projet ? Où sont les principaux lieux d'intérêt ou d'action ?
Quand	Quand a lieu la situation ou le projet ? Quelle est la chronologie des évènements, des étapes à suivre ?
Comment	Comment la situation est-elle gérée, mise en oeuvre ou résolue ? Quels sont les méthodes ou processus utilisés ?
Pourquoi	Pourquoi la situation existe t-elle ou pourquoi le projet est-il entrepris ? Quels sont les objectifs, les motivations ou les raisons sous jacentes ?

Exemple

Le Petit Villageois

Volume 10, Issue 3 March 2003

LE JOURNAL DES NOUVELLES LOCALES ET DES AVENTURES EXTRAORDINAIRES

Un Jeune Explorateur découvre un trésor caché dans la Forêt Voisine
par DP

Il était une fois, dans notre charmant village niché entre deux collines verdoyantes, un jeune garçon nommé Léo, âgé de dix ans, qui a récemment vécu une aventure digne des plus grands explorateurs. Léo, qui vit avec ses parents dans une maison en pierre recouverte de vigne vierge, a toujours nourri le rêve secret de découvrir des terres inconnues, inspiré par les héros des livres qu'il lit à la lueur d'une bougie chaque soir.

Un jeune garçon nommé Léo, âgé de dix ans, a récemment vécu une aventure digne des plus grands explorateurs. Léo, qui vit avec ses parents dans une maison en pierre recouverte de vigne vierge, a toujours nourri le rêve secret de découvrir des terres inconnues, inspiré par les héros des livres qu'il lit à la lueur d'une bougie chaque soir.

La Découverte d'une Vie

Le destin de Léo a pris un tournant inattendu lorsqu'il a trouvé une vieille carte délavée coincée entre deux pierres près de la rivière. La carte mystérieuse menait à un trésor caché dans la forêt voisine, un endroit souvent évité par les villageois en raison de sa densité et de ses mystères.

L'Aventure Commence

Sans perdre de temps, Léo s'est préparé avec quelques provisions et son sac à dos, prêt à suivre les indications de la carte.

La forêt, peuplée de bruits inconnus et de l'ombre des arbres centenaires, n'a pas effrayé notre jeune aventurier. Traversant des ruisseaux scintillants et des clairières baignées de lumière, Léo a persévéré malgré la fatigue. Après plusieurs heures de marche, Léo a finalement atteint une petite grotte dissimulée derrière une cascade, marquée d'une croix rouge sur la carte. À l'intérieur, il a découvert une boîte en bois ornée de motifs étranges. À l'ouverture de cette boîte, Léo a trouvé des pierres précieuses et un vieux journal relatant l'histoire d'un explorateur qui avait caché ce trésor pour qu'il soit découvert par quelqu'un de courageux et digne de poursuivre son aventure.

Une Leçon de Vie

Rempli de fierté, Léo a compris que la vraie richesse réside non seulement dans les trésors matériels mais surtout dans les aventures et les histoires qu'on peut raconter. Il est rentré chez lui le cœur léger et l'esprit plein de nouvelles idées d'exploration. Ses parents, d'abord inquiets, ont finalement été soulagés et fiers de son courage et de sa découverte.

Un Futur Prometteur

Depuis ce jour, Léo continue d'explorer les environs du village, toujours à la recherche de nouveaux mystères à résoudre. Son esprit aventureux et sa détermination ont fait de lui un jeune homme respecté et admiré par tous. Bien qu'il ait découvert de nombreux trésors au fil des ans, celui qui reste le plus précieux à ses yeux est le premier, celui qui l'a transformé en véritable explorateur.

L'histoire de Léo nous rappelle que, parfois, les rêves les plus fous peuvent devenir réalité, surtout pour ceux qui ont le courage de les suivre. Notre village est fier d'avoir un jeune explorateur parmi nous, et nous attendons avec impatience de voir quelles autres aventures Léo vivra dans le futur.

Exemple : QQOQCP du journal	
Qui	Léo, un jeune garçon de 10 ans.
Quoi	Léo rêve de devenir explorateur et il découvre une carte au trésor. Il part à l'aventure et trouve une grotte et un trésor caché. Il découvre un journal et des pierres précieuses. Il comprend que la vraie richesse réside dans l'aventure.
Où	Dans la forêt voisine où se trouve le trésor.
Quand	Léo part à l'aventure, un jour indéterminé. Après plusieurs heures de marche, Léo trouve la grotte. Depuis la découverte du trésor, Léo continue d'explorer les environs.
Comment	Léo trouve la carte par hasard près de la rivière. Il se met en route après avoir préparé son sac à dos (provision). Il traverse la forêt en suivant des indications.
Pourquoi	Léo rêve d'aventure.

En posant ces six questions de manière systématique, vous pouvez obtenir une vision claire et complète de la situation ou du problème que vous examinez. Cela va vous aider à mieux comprendre la complexité de la situation, à identifier les parties prenantes clés, à définir des objectifs précis et à élaborer des solutions appropriées. La méthode QQOQCP est souvent utilisée dans la gestion de projet, la prise de décision stratégique, la résolution de problèmes et la communication efficace.

7. Un outil d'analyse : la méthode SMART (E) ou le management par objectifs.

Définition

Moyen mémo-technique pour décrire des objectifs que l'on veut exprimer et pour lesquels les résultats sont attendus. Composé d'indicateurs il permet de fournir des informations pour chacune des étapes d'un projet afin d'aider à la bonne prise de décision.

SMARTE	
Spécifique	Etablir un objectif. Il ne soit pas être trop "vague" ni trop général. Il est précis et clair dans sa formulation et être compréhensible. Il doit être directement lié au travail de la personne en charge de réaliser l'objectif.
Mesurable	L'objectif doit pouvoir être quantifié ou qualifié, cela permet de définir un seuil, un niveau, une valeur, à atteindre. Sans ce critère (à définir), il est impossible de déployer des moyens appropriés pour la réalisation de l'objectif (puisqu'il manque un critère essentiel d'évaluation).
Atteignable (réaliste)	Formuler un objectif concret, possible à atteindre. Il énonce non pas ce que vous voulez faire, mais ce que vous pouvez faire, compte tenu des moyens dont vous disposez. Il doit être suffisamment ambitieux pour être motivant. Fixer des objectifs réalistes est important.
Relevant (pertinent)	L'objectif doit être réaliste et fonction des besoins. Il doit présenter un intérêt incontestable et évident pour tous.
Temporel	Disposer d'un calendrier permet aussi de réfléchir aux priorités et de les hiérarchiser. (avec délais et dates butoirs).
Evaluation	Toujours évaluer pour savoir si l'objectif posé est atteint ou s'il était trop faible ou trop difficile pour reformuler un objectif atteignable.

Exemple : un étudiant nommé Alex souhaite améliorer ses compétences en anglais pour obtenir un certificat de langue dans un délai de six mois. En suivant ce plan, Alex peut se concentrer sur des actions concrètes et mesurables, tout en s'assurant que ses objectifs sont réalistes et atteignables dans un délai défini, avec une attention portée à l'impact global de ses efforts.

Spécifique	Situation : Amélioration des compétences en anglais • Objectif : Alex veut améliorer ses compétences en anglais pour atteindre le niveau B2 et obtenir un certificat de langue. • Détails : Alex souhaite se concentrer sur la compréhension orale et écrite, ainsi que sur l'expression orale et écrite. Il veut passer un examen reconnu.
Mesurable	Alex doit obtenir une note d'au moins 70 % dans chaque section de l'examen. Suivi des progrès : Alex suivra un test de pratique mensuel pour évaluer ses compétences et ajuster son plan d'étude en conséquence.
Atteignable (réaliste)	Cours en ligne : Suivre un cours de français en ligne pendant 1 heure chaque jour. Lectures : Lire un article de journal ou un chapitre de livre en français chaque semaine. Pratique orale : Participer à un échange linguistique avec un partenaire francophone deux fois par semaine. Exercices : Compléter des exercices de grammaire et de vocabulaire tous les jours. Films et séries : Regarder un film ou une série en français avec des sous-titres une fois par semaine.
Relevant (pertinent)	Temps : Alex a décidé de consacrer 10 heures par semaine à l'étude de l'anglais. Outils : Utilisation de plateformes d'apprentissage en ligne Support : Bénéficier du soutien d'un tuteur une fois par semaine pour des séances intensives.
Temporel	Court terme : Après 1 mois, Alex doit avoir complété 30 heures de cours en ligne et avoir participé à 8 échanges linguistiques. Moyen terme : Après 3 mois, Alex doit être capable de comprendre et de résumer des articles de journaux français. Long terme : Dans 6 mois, Alex doit être prêt à passer l'examen et obtenir le certificat.
Evaluation	L'évaluation consistera en obtention du diplôme. Il est également possible de produire des évaluations tout au long du processus pour regarder l'évolution d'Alex.

8. La prise de notes

Définition

La prise de notes est un exercice qui permet de transcrire un maximum d'informations en un minimum de temps et de mots à partir d'une source, comme un cours, une conférence, une vidéo, une réunion…. Une bonne prise de notes permet d'organiser et conserver les idées clés, les faits importants et les concepts principaux pour une référence future.

Une bonne prise de notes permet d'apprendre son cours rapidement et réaliser sa fiche de révisions dans un même temps. Celle-ci sera bien évidemment complétée au fur et à mesure de vos cours et de vos besoins.

La prise de notes demande de la concentration, pour être capable de repérer les mots essentiels, avoir un esprit de synthèse et de concision. La prise de notes nécessite surtout de l'entrainement.

Avant la prise de note

S'il faut se préparer mentalement, c'est-à-dire être concentré, une bonne prise de note nécessite aussi d'avoir anticipé deux choses : avoir pris connaissance de la thématique ou les sujets qui vont être développés et s'être préparé matériellement.

Prendre connaissance si cela est possible du sujet de l'intervention. (Regardez le planning. Le titre et/ou le sujet de l'intervention est peut-être noté). A vous de faire quelques recherches par anticipation afin de vous familiariser avec la thématique. Souvent, grâce à cette démarche, vous pouvez déjà relever les différents concepts clefs avec leur définition, les titres et sous titres de l'intervention. Ce travail vous permet de ne pas arriver en terrain inconnu. Il facilite votre prise de note et de fait votre apprentissage.

Se préparer matériellement : faire un choix entre l'ordinateur et le papier.

Choisir sa place dans la classe ou l'amphithéâtre pour l'écoute, une prise électrique, la lisibilité des éléments écrits ou projetés sur le tableau.

Dater, titrer et si besoin numéroter le document pour être classer.

Pendant la prise de notes

La prise de note n'est pas une retranscription au mot près d'un discours. Pour une prise de note efficace et rapide, écoutez, regardez ou lisez attentivement. Capturez les idées principales et les points clés. Soyez sélectif : Concentrez-vous sur les idées principales, les concepts clés, les exemples significatifs et les détails importants.

Les définitions doivent être relevées.

Utilisez une structure claire : puces, numéros, titres et sous-titres pour organiser vos notes en sections logiques.

Résumez brièvement les points clefs et faites des liens avec ce que vous connaissez déjà.

Les schémas, tableaux doivent figurer dans votre fiche, pour aider dans votre révision car ils imagent concrètement des propos.

Pour la transcription

Une prise de note, nécessite un code. (Cf annexe).

Couleurs, taille et numération des titres vous sont propres et sont vivement conseillés pour vous y retrouver facilement.

Utiliser des abréviations et des symboles : développez votre propre système pour écrire plus rapidement sans perdre de contenu important.

Faire des flèches pour relier les idées si besoin.

Trouvez votre propre style de prise de notes : Il n'y a pas de méthode unique, expérimentez pour découvrir ce qui fonctionne le mieux pour vous.

Pratiquez régulièrement : La prise de notes s'améliore avec la pratique.

Après la prise de notes

Révisez et organisez vos notes : Complétez les détails manquants, clarifiez les points obscurs et organisez-les de manière logique.

Faites des résumés ou des cartes conceptuelles : Résumez vos notes pour une meilleure compréhension et retenez les idées essentielles.

Revoyez régulièrement vos notes : Ceci renforce la mémorisation et permet de mieux comprendre le sujet.

Exemple sur le texte de Léo

Intro : Léo, 10 ans, rêveur, aventurier, vit chez parents, inspiré héros livres, lit livre d'aventure à la bougie

Découverte : trouve carte délavée près rivière, mène trésor forêt voisine, mystères

Aventure : prépare provisions, sac à dos. Ds la forêt bruits inconnus, ombre arbres centenaires, -> ruisseaux scintillants, clairières lumière, persévère malgré fatigue

Révélation le Trésor : atteint grotte cachée derrière cascade, croix rouge carte, boîte bois motifs étranges ; trouve pierres précieuses, vieux journal explorateur

Leçon Vie : comprend vraie richesse = aventures, histoires
rentre chez lui, cœur léger, esprit idées exploration

Futur Promet : continue explorer environs, respecté, admiré, esprit aventureux, détermination
trésors découverts, premier plus précieux

Conclusion Insp : rêves fous = réalité avec courage, fier explorateur, futures aventures Léo attendues

---

9. La carte mentale : méthode

Definition

Une carte mentale est un outil visuel permettant de représenter des idées, des concepts ou des informations de manière organisée et non linéaire. Elle est souvent utilisée pour structurer et organiser visuellement des pensées, des liens ou des éléments autour d'un thème central.

Elle porte d'autres dénomination comme : carte ou schéma heuristique, carte cognitive, carte des idées ou encore « mindmap ». La carte mentale est un schéma qui permet de :

- Refléter le fonctionnement de la pensée,
- Représenter visuellement et de suivre le cheminement associatif de la pensée

La carte permet surtout de mettre en lumière les liens qui existent entre un concept ou idée (s), et les informations qui leur sont associées.

La structure même d'une carte mentale est un schéma qui représente l'organisation des liens sémantiques entre différentes idées ou des liens hiérarchiques entre différents concepts ou lois, dates, systèmes, organes….

Pour apprendre, réviser et / ou pouvoir faire des liens, l'utilisation de la carte mentale est un bon outil.

Matériel

Papier ou ordinateur, couleurs… De l'imagination et de créativité… Il existe des logiciels, mais si vous ne les maitrisez pas, il est préférable de prendre une feuille unie, blanche afin de ne pas avoir de limite.

Des règles à respecter

Il est important de se fixer quelques repères pour créer et comprendre la lecture des cartes.

- Le sens de lecture : utiliser des flèches
- Inscrire l'idée principale au centre, puis l'entourer ou la colorer
- Autour, organiser les sous idées grâce à des ramifications.

La carte offre une vue d'ensemble. Pour en faciliter la lecture et la mémorisation, d'autres éléments sont indispensables.

- Utilisez un ou deux mots clés par idée. Ne pas faire de phrase. Ne pas surcharger.
- Utilisez des couleurs qui facilitent la lisibilité et la mémorisation de la carte.
- Utilisez si possible des images (photographies, dessins, schéma...) qui illustrent les idées.
- Utilisez des flèches pour créer les liens entre chaque idée. Sur ces liens vous pouvez également écrire des mots importants ou utiliser des signes du types : $= / > / < \ldots$
- Eviter si possible de croiser les liens pour ne pas surcharger.

En résumé

Une carte mentale est personnelle. Elle représente la pensée de l'auteur (ou des auteurs). Elle doit avoir une organisation claire et précise. Les idées irradient à partir de l'idée centrale et sont reliées par des liens. Le code ou les codes utilisés appartiennent à celui qui l'a réalisé. Leur utilisation doit faciliter la lisibilité d'une hiérarchisation des idées.

ANTHROPOCÈNE ET PSYCHIATRIE

De l'Antiquité à l'Époque Contemporaine
◦ Évolution des croyances et des approches pour soigner les malades mentaux.
◦ L'Édit Royal de 1656 et le "grand renfermement."
◦ Influence de Philippe Pinel et Jean Baptiste Pussin avec l'avènement du "traitement moral."

Évolution des Soins Infirmiers en Psychiatrie
◦ Création des premières écoles de gardiens puis d'infirmiers en psychiatrie.
◦ La Troisième République et la création d'écoles de soins infirmiers.
◦ Évolution des formations au fil des années.

Conclusion
◦ La peur du fou est une préoccupation ancienne.
◦ Remarques de Jacques Hochmann sur l'évolution de la prise en charge des malades mentaux.
◦ Importance de la culture dans la structuration des interactions.
◦ Lien avec l'idée d'anthropocène et la conscience de l'interaction homme-environnement.

Formation Actuelle et Nouveaux Défis
◦ Réforme de 2009 et la marginalisation des contenus en psychiatrie.
◦ Défi de la déperdition culturelle et identitaire.
◦ Nouveaux soignants s'adaptent dans un "apprentissage anthropocène."

Changements de Paradigme et Résistance
◦ Importation du modèle comportementaliste américain.
◦ Réformes dans les années 90 et opposition des professionnels.
◦ Résistance par la non-transmission des savoirs.

Psychothérapie et Psychiatrie Moderne
◦ Mouvements désaliénistes après la Seconde Guerre mondiale.
◦ La thérapie institutionnelle et la participation des soignants.
◦ Évolution vers la santé mentale et la sectorisation.

19e et 20e siècle
◦ Jean Étienne Esquirol et l'importance du "traitement moral."
◦ Création des asiles et la loi du 30 juin 1838.
◦ Oppositions avec des mouvements contestataires.

63

10. Analyser une capsule vidéo ou un Podcast : méthode

Définition

La capsule vidéo, la vidéo de formation, la vidéo pédagogique désignent un contenu audiovisuel au contraire du Podcast qui a un contenu audio. Capsule vidéo ou podcast, sont utilisés comme support dans l'enseignement ou tout autre cursus de formation. Leur objectif est le même : Transmettre une ou plusieurs informations, faire apprendre une notion (ou plusieurs notions), une procédure ou une technique à une audience.

Ces supports peuvent être plus ou moins denses. Ils durent de 5 minutes à 3 heures. Ils sont le plus souvent accompagnés d'un power point qui sert de guide. (Le power point ne contient pas l'intégralité du cours. Il n'est pas suffisant, en termes de connaissances et de savoirs à acquérir).

Attention : vous n'avez pas le temps de regarder plusieurs fois la vidéo. Il faut être efficace dès le début. Il est évident que vous ne pouvez pas apprendre l'intégralité du contenu de la vidéo qui vous est proposée. Il faut donc prendre des notes (Cf : chapitre sur la prise de notes).

Comprendre la vidéo

- Identifiez la discipline visée et récupérez (si cela est possible) le power point et le lire.
- Identifiez les sujets qui vont être abordés dans la vidéo ou le podcast. Quel est le sujet ou thème général ? Quel sont les sous sujets ou les sous-thèmes traités ? Ces informations peuvent apparaître dans le titre, l'introduction...

Ce travail initial a un double intérêt :

Il vous permet de construire l'ossature de votre fiche, de faire apparaitre les titres et sous-titres…
Il vous sert de guide dans votre futur visionnage.
La vidéo doit être « découpée » au regard des parties que vous avez identifié

- Reconnaitre et récupérer l'information nécessaire à la compréhension du sujet traité.

Celle étape est à adapter selon la discipline et / ou l'UE traitée.
Chaque discipline, chaque auteur, puis chaque concept, doivent être relevés et donner lieu à une fiche.
Repérer les concepts et mots importants et apporter une définition à chacun d'entre eux. Vous devrez être capable de les définir, de les expliquer et de les mettre en lien avec le champ visé.
Attention : les concepts sont en lien avec des auteurs. Chacun des auteurs doit donner lieu à une fiche.

11. L'introduction : méthode

Définition

L'introduction d'un travail écrit, qu'il s'agisse d'un essai, d'un mémoire, d'une thèse, d'un rapport, ou même d'un article, joue un rôle essentiel. Elle doit capter l'attention du lecteur, présenter le sujet, énoncer le problème de recherche, exposer l'objectif du travail, et fournir un aperçu de la structure du document. Voici une méthodologie pour rédiger une introduction.

L'accroche

L'objectif de « l'accroche » est de susciter un intérêt. Celle-ci commence par une phrase ou un paragraphe qui attire l'attention du lecteur. Cela peut être une anecdote, une citation, une statistique pertinente, une question rhétorique ou une déclaration provocatrice.

Contextualisation

Il faut situer le sujet dans son contexte général. Répondez aux questions suivantes : Pourquoi ce sujet est-il important ? Quelle est sa pertinence dans le domaine d'étude ? Vous pouvez également fournir un bref aperçu historique ou théorique pour mettre en contexte le lecteur.

Problématique

Il faut présenter le problème de recherche que vous allez aborder dans votre travail. Décrivez brièvement les défis, les lacunes ou les questions auxquels vous allez répondre. L'énoncé de la problématique doit être clair et précis.

Objectif de la recherche (travail de mémoire)
Énoncez l'objectif principal de votre travail. Qu'espérez-vous accomplir ou démontrer à travers votre recherche ? Assurez-vous que l'objectif est en adéquation avec la problématique que vous avez présentée.

Méthodologie (travail de mémoire)
Donnez un aperçu des méthodes que vous allez utiliser pour mener votre recherche. Cela peut inclure la collecte de données, l'analyse statistique, les entretiens, les études de cas, etc. Expliquez brièvement comment vous comptez aborder votre sujet.

Plan du travail
Présentez brièvement la structure de votre document. Indiquez comment vous allez organiser votre travail, en mentionnant les grandes sections ou chapitres. Cela permet au lecteur de se faire une idée de la progression de votre argumentation.

Transition vers le développement
Terminez votre introduction en préparant le lecteur à la suite de votre travail. Vous pouvez le faire en annonçant les grandes étapes ou les idées principales que vous allez développer dans les sections suivantes.

Style et clarté
Assurez-vous d'utiliser un style d'écriture clair et accessible. Évitez le jargon excessif ou les phrases trop compliquées. L'introduction doit être compréhensible par un lecteur non spécialisé dans votre domaine.

Révision et correction

Relisez attentivement votre introduction pour éliminer les fautes d'orthographe, de grammaire et de syntaxe. Une introduction bien rédigée et sans erreurs renforce la crédibilité de votre travail.

En suivant cette méthodologie, vous pouvez créer une introduction solide qui guide le lecteur dans votre travail et lui donne envie d'en savoir plus. N'oubliez pas de revenir à l'introduction après avoir rédigé le reste du document pour vous assurer qu'elle reste cohérente avec le contenu global de votre travail.

12.La conclusion : méthode

Définition
La conclusion est une partie essentielle de tout travail écrit, que ce soit un essai, un rapport de recherche, un mémoire, ou même une présentation orale. Elle permet de récapituler les points clés de votre argumentation et d'apporter une fin satisfaisante à votre travail. Si vous rédigez une conclusion pour un travail académique, assurez-vous de suivre les normes de citation et de formatage appropriées. Pensez toujours au public auquel vous vous adressez. Votre conclusion devra être adaptée à votre lecteur et à l'objectif de votre travail. En suivant cette méthodologie, vous pouvez rédiger une conclusion solide qui renforce l'impact de votre travail et laisse une impression durable sur vos lecteurs ou auditeurs. Voici une méthodologie générale pour rédiger une conclusion efficace :

Commencez par résumer brièvement les points clés que vous avez abordés dans votre travail. Vous pouvez le faire en une ou deux phrases pour chaque point majeur.

Faites un lien entre votre conclusion et votre introduction. Rappeler le contexte initial de votre travail peut aider à donner un sens de bouclage à votre argumentation.

Répondre à la question ou à l'objectif
Si votre travail avait un objectif précis ou une question de recherche, assurez-vous d'y répondre de manière concise dans votre conclusion. Cela montre que vous avez atteint vos objectifs.

Élargir votre perspective
Allez au-delà de la simple répétition de vos points clés en élargissant votre perspective. Discutez des implications plus larges de votre travail, des applications possibles, ou des questions en suspens qui pourraient nécessiter une recherche future.

Remarques
Il faut être concis et évitez de réintroduire de nouvelles informations ou développer de nouveaux arguments. La conclusion doit être concise et se concentrer sur la synthèse et la réflexion. Vos propos doivent être précis et spécifiques à votre travail. Évitez les phrases clichées ou les généralités.

La dernière phrase de votre conclusion est importante car elle laisse une impression durable. Essayez de conclure de manière mémorable en résumant l'essentiel de votre message ou en proposant une réflexion finale qui incite à la réflexion.

Réviser et corriger
Relisez votre conclusion pour détecter les erreurs grammaticales ou de style. Assurez-vous que votre message est clair et cohérent.

13. Le plan rédactionnel

Définition

Le plan est une représentation préliminaire et structurée des principales idées, des arguments ou des éléments à inclure dans un texte. Il a une structure organisée et préétablie qui sert de guide pour la construction et l'organisation d'un texte. Il fonctionne comme une carte routière pour l'auteur et le lecteur, indiquant l'ordre dans lequel les informations seront présentées et comment elles seront interconnectées. Il fournit une disposition logique des idées, des arguments, des événements ou des informations que l'auteur souhaite présenter dans son écrit. Le plan aide à donner une cohérence, une clarté et une structure à un texte en déterminant comment les différentes parties seront articulées et reliées entre elles. Le plan permet aussi à l'auteur de clarifier ses pensées, de s'assurer que toutes les idées importantes sont couvertes à travers une progression logique du contenu.

En résumé, le plan de rédaction est un schéma directeur qui permet :

- D'organiser les idées : Structurer les concepts, les arguments ou les informations de manière logique et compréhensible.
- D'établir une progression : Établir un cheminement ou une séquence qui guide le lecteur à travers le texte de manière cohérente.
- De présenter une hiérarchie : Établir une hiérarchie entre les différentes parties du texte en mettant en avant les idées principales et les sous idées.
- De faciliter la rédaction : Servir de base pour développer les paragraphes ou sections du texte en fournissant une organisation préétablie.

Ce plan peut varier en fonction du type de texte, du contenu, du genre d'écriture (narratif, argumentatif, descriptif, etc.) et des objectifs de l'auteur. Il est une première étape dans le processus d'écriture pour aider à structurer les idées avant de commencer à rédiger.

13.1. Les différents plans

Chaque plan contribue à la compréhension globale d'un sujet. Choisir le bon type de plan dépend du contenu spécifique que vous souhaitez communiquer et du genre de texte que vous rédigez. Parfois, une combinaison de plusieurs types de plans peut être utilisée pour créer une structure plus complexe et nuancée. N'oubliez pas : Chacun de ces plans s'accompagne toujours d'une introduction et d'une conclusion.

Plan linéaire ou chronologique : Organisez vos idées ou votre récit dans l'ordre temporel, en suivant une séquence logique du début à la fin. Souvent utilisé pour des récits, des biographies ou des explications séquentielles et tout texte mettant en avant une progression dans le temps comme en histoire.

Plan thématique : Structurez votre texte autour de thèmes ou de sujets spécifiques plutôt que dans un ordre chronologique. Cela permet de regrouper les informations, les idées selon des catégories thématiques. Souvent utilisé pour des analyses, des essais, des discours ou encore des revues de littérature, des essais comparatifs, etc.

Plan comparatif : Mettez en évidence les similitudes et les différences entre deux ou plusieurs sujets ou idées. Utile pour les essais comparatifs ou les analyses contrastées.

Plan dialectique : Structurez votre texte selon une progression thèse-antithèse-synthèse. Souvent utilisé pour les essais argumentatifs où une idée est présentée (thèse), puis contestée (antithèse), pour finalement parvenir à une conclusion ou une synthèse.

Plan en entonnoir : Commencez par des informations générales pour attirer l'attention, puis concentrez-vous progressivement sur des détails plus spécifiques. Souvent utilisé dans les introductions qui vont du plus général avant de le focaliser sur des détails plus spécifiques.

Plan narratif : Structurez votre texte comme une histoire avec une introduction, un développement et une conclusion. Souvent utilisé dans la fiction narrative et peut également être adapté à des récits non fictifs.

Plan numéroté ou alphanumérique : Utilisez des numéros ou des lettres pour indiquer la hiérarchie des idées ou des sections de votre texte. C'est souvent utilisé pour les présentations structurées et formelles.

Plan cause-effet : Explorez les causes et les effets d'un phénomène ou d'un événement. Organisez les idées en mettant en avant les relations de causalité.

Plan problème-solution : Identifiez un problème et proposez des solutions. Organisez le texte de manière à exposer le problème, puis à présenter des solutions possibles.

Plan logique : Suit une progression logique des idées, souvent utilisé dans les écrits académiques.

14. La recherche documentaire et son étude : méthode

La méthodologie de la recherche documentaire est une approche structurée permettant d'identifier, localiser et utiliser efficacement des documents pertinents pour un sujet donné.

Définir le sujet de votre recherche

- Clarifiez et délimitez clairement le sujet de votre recherche.
- Identifiez les concepts clés et les termes associés.

Effectuer des recherches documentaires

- Utilisez des moteurs de recherche, des index de périodiques, des catalogues de bibliothèques pour obtenir une vue d'ensemble du sujet.
- Utilisez des opérateurs booléens (ET, OU, NON) pour affiner vos recherches. Expérimentez avec des synonymes et des termes alternatifs.

Évaluer la qualité des sources

- Identifiez des sources de documents pertinentes pour votre recherche. Cela peut inclure des textes, des articles, des rapports, des photographies, des vidéos, des archives, des données statistiques, etc.
- Vérifiez la crédibilité, l'auteur, la date de publication, la source, l'objectivité, la pertinence, etc. Sélectionnez des sources fiables et académiques.
- Considérez des sources primaires (originales) et secondaires (analyses, critiques).

Collecter et organiser les informations

- Organisez vos documents en fonction de leur pertinence et de leur fiabilité. Certains documents peuvent être plus utiles que d'autres pour répondre à votre question de recherche.
- Notez les informations de base sur chaque document, y compris la source, la date de publication, l'auteur (le cas échéant), et toute autre information qui vous semble pertinente.

Lecture attentive synthèse et analyse

- Lisez attentivement chaque document.
- Notez les idées clés, les arguments, les preuves et les citations importantes.

Assurez-vous de comprendre le contenu de chaque document et de relever tout terme ou concept que vous ne comprenez pas.

- Identifiez les thèmes récurrents ou les motifs qui se dégagent des documents. Cherchez des relations ou des tendances.
- Résumez les informations clés et les principaux arguments des documents. Organisez vos notes de manière logique.
- Interprétez les données et les informations au regard de votre question de recherche. Identifiez les lacunes dans les preuves ou les incohérences.

Produire la documentation finale de l'université ou de l'école

- Utilisez les informations et les idées tirées de l'étude des documents pour rédiger votre rapport, votre essai ou votre analyse.
- Suivez et respectez les normes académiques et éthiques de l'université dans laquelle vous êtes.
- Respectez les consignes et les normes de citations pour éviter d'être accusé de plagiat.
- Citez correctement toutes les sources utilisées selon le style

de citation approprié (APA, Vancouver…).
- Rédigez une bibliographie ou une liste de références.

Conclusion et discussion
Terminez votre travail en résumant vos principales conclusions et en discutant de leur signification face à votre problématique.

L'étude de documents demande du temps et de la patience, mais elle peut être une méthode très efficace pour obtenir des informations, des idées et des preuves pour votre recherche. Assurez-vous de rester organisé tout au long du processus pour éviter de vous perdre dans une multitude de documents.

Bibliographie
Incluez une liste de toutes les sources que vous avez utilisées dans votre travail, en suivant le style de citation approprié (APA, MLA, Chicago, etc.).

Révision
Relisez votre travail pour corriger les erreurs grammaticales, les fautes de frappe et les incohérences. Assurez-vous que votre argumentation est logique et que votre travail est bien structuré.

15. La revue de littérature : méthode

Définition

La revue de littérature, souvent appelée revue bibliographique ou revue systématique est une analyse critique et détaillée de travaux existants sur un sujet spécifique dans le cadre d'une recherche académique ou scientifique. Elle vise à examiner, résumer, synthétiser et évaluer l'ensemble des publications, études et travaux antérieurs liés à un domaine particulier.

Objectifs de la revue de littérature

- Synthétiser les connaissances existantes : Rassemblez et résumez les informations déjà publiées sur un sujet spécifique.
- Identifier les lacunes : Mettez en évidence les domaines où il y a peu de recherches ou des contradictions entre les études existantes.
- Évaluer les méthodes et résultats antérieurs : Examinez et évaluez la validité, la fiabilité et la pertinence des travaux antérieurs.
- Fournir un contexte théorique et conceptuel : Situez la nouvelle recherche dans un contexte plus large que celui du domaine d'étude.
- Fournir une base pour de nouvelles recherches : Orientez et justifiez les études futures en identifiant les questions de recherche importantes.

Étapes de la réalisation d'une revue de littérature

- Définir la question de recherche ou la thématique : Clarifiez le sujet spécifique à étudier dans la revue de littérature.
- Réaliser une recherche documentaire.

- Identifier les lacunes : Identifiez les domaines où il y a un manque d'études ou des incohérences dans les résultats.
- Rédiger la revue de littérature : Structurez et écrivez un document clair et organisé résumant la revue réalisée.

La revue de littérature est une étape essentielle dans le processus de recherche. Elle permet de comprendre l'état actuel des connaissances sur un sujet donné et d'identifier des pistes pour de futures études. Elle nécessite une approche rigoureuse, une analyse critique et une synthèse efficace des sources consultées.

La revue de littérature s'appuie sur une recherche d'articles ou de livres en lien avec la thématique abordée. Elle consiste à faire un état des lieux de l'existant. Pour cela il vous regarder ce qui a déjà été écrit sur le sujet.

Attention, ce bilan n'est pas un simple exercice. Il demande de rassembler, organiser des écrits, à des fins :
- De résumer ce qui a été dit
- Analyser son contenu
- Faire évoluer votre pensée et votre sujet.

Il constitue un « grand » paragraphe du mémoire puisqu'il permet de contextualiser la recherche que vous allez mener.

Pour sélectionner vos articles et vos livres, il vous faut garder à l'esprit certaines questions pour ne pas vous perdre.
- Quelle est ma thématique ?
- Y-a t-il un problème bien défini parmi chaque source ?
- Chaque élément sélectionné appelle-t-il à une analyse ?
- Y-a t-il des éléments récents et anciens qui permettront de donner une perspective aux analyses ?
- Pensez dès le début à réaliser votre bibliographie, vous gagnerez énormément de temps

Après avoir opéré cette sélection, il vous faut analyser les sources. Pour cela, il faut être rigoureux et méthodique

Analyser des sources
- Lisez attentivement chaque élément sélectionné pour la revue de littérature et annotez-les pour noter chaque idée intéressante et ne pas les oublier.
- Regroupez les idées : le sujet traité, thèse antithèse chronologique, leurs limites… C'est vous qui choisissez, selon votre sujet. Il faut une logique.

Aide : Pour classer, comparer… vous pouvez faire des : tableaux, schéma, cartes mentales, classer par périodes, par méthodes….

- Analysez et critiquez les défauts, les manques et qualités des études et les commenter.

Aide : Voici quelques questions qui peuvent guider ces réflexions : Quels sont les points forts, les éléments qui font avancer ma recherche ? Quelles sont les limites ? Existent-ils des contradictions ? Est-ce-que certains points manquent de clarté ? Y aurait-il un élément qui n'est jamais, ou très peu mentionné dans l'ensemble des sources ? Y a t-il des points de débat ? Y a t-il des questions de recherche émergentes ?

Rédiger avec une structure cohérente
Choisissez un plan : Temporel ? Thématique ? … sans oublier les points débattus aux travers de vos sources

Aide : N'oubliez pas d'expliquer et relier tous ces éléments entre eux (en accord, en désaccord des études)
Utilisez les connecteurs logiques
Evitez les erreurs d'orthographe, grammaire et de syntaxique.

16. La question de corpus : méthode

Définition
La question de corpus consiste en l'analyse d'un ensemble de textes ayant un thème ou des caractéristiques communes. Son principe s'appuie sur une analyse et une comparaison de plusieurs textes à partir d'une problématique spécifique. Son objectif vise à relever et analyser les similarités et les différences entre les textes. Attention il ne faut pas confondre question de corpus et synthèse. C'est en cela qu'elle diffère de la revue de littérature. Pour rappel, la synthèse vise à présenter une vue d'ensemble en intégrant des informations provenant de diverses sources alors que la question de corpus se concentre sur l'analyse comparative de textes spécifiques. Voici comment la formuler et la traiter.

Comprendre la consigne
S'assurez de bien comprendre la consigne de la question de corpus.
Identifiez le thème ou le sujet central, ainsi que les axes d'analyse demandés.

Lecture attentive des textes et Identifier des similarités et des différences entre eux
Identifiez et Relevez les similarités et les différences entre les textes du corpus. Cela peut inclure des thèmes récurrents, des choix stylistiques, des points de vue particuliers, etc.

Définir une problématique
Analysez chacun des textes
Dégagez une problématique qui exprime les questions centrales que vous souhaitez explorer.

Il peut s'agir de comprendre comment les auteurs traitent un thème spécifique, comment leur style diffère, ou comment les textes s'inscrivent dans un même courant une même idée par exemple.

Structurer la réponse
Organisez votre réponse en suivant une structure logique.

Aide : Vous pouvez aborder les similarités dans une partie, les différences dans une autre, ou encore opter pour une structure thématique en fonction de votre problématique.
Analyser le sens, les intentions des auteurs, les effets stylistiques, ou toute autre dimension que votre problématique explore. Allez au-delà de la simple description des similarités et des différences. Appuyez l'analyse faite, en citant des extraits spécifiques des textes du corpus. Les exemples concrets renforcent votre argumentation et montrent que vous avez bien compris les textes.

Révision et correction
Relisez votre réponse pour vous assurer qu'elle est cohérente, bien structurée, et qu'elle répond de manière pertinente à la question de corpus.

Exemple :
Si la question de corpus porte sur la représentation de la nature dans des poèmes du XIXe siècle, la problématique pourrait être formulée ainsi : « Comment les poètes du XIXe siècle expriment-ils leur relation à la nature à travers des images, des symboles et des choix stylistiques spécifiques ? ».

Votre analyse pourrait ensuite explorer comment différents poètes du XIXe siècle abordent la nature dans leurs œuvres respectives.

---

17. La fiche de lecture : méthode

Définition

Avant toute chose, la fiche de lecture et un document très personnel, que l'on établit pour soi. La fiche de lecture est un outil qui permet de garder la trace d'un travail réalisé par un auteur. Le but de la fiche est de pouvoir réutiliser cette connaissance acquise dans un argumentaire sans avoir à relire le texte d'origine. La méthode présentée ci-dessous est donc une méthode à adapter selon vos besoins et votre « personnalité ». Vous la transformerez au fur et à mesure des mois, voire des années. Néanmoins, pour sa lisibilité (une fiche peut être prêtée et doit être comprise par un autre). La fiche de lecture comporte donc des éléments que l'on peut qualifier d'incontournables.

Identification de l'ouvrage

- Date de rédaction de la fiche de lecture
- Titre de l'article/livre/vidéo

Exemple
Un Jeune Explorateur découvre un trésor caché dans la Forêt Voisine

---

- Titre de la revue

Exemple
Le Petit Villageois

- Date de l'article

Exemple
ıme 10, Issue 3 March 2003

- Référence de l'ouvrage ou article en fonction des normes biblio de votre institution.
- Rapide présentation de l'auteur : profession, nationalité, université ou centre de recherches, disciplines et influences disciplinaires, domaines de recherches, courant de pensée, écoles, etc... Cette présentation doit servir uniquement à cerner qui est l'auteur, sa discipline, dans quel courant de pensée il s'inscrit et les concepts qu'il défend. Il est inutile ici de raconter sa vie.

Thématique et thèse, abordées par l'auteur

Présentez en quelques lignes la thématique générale abordée par l'auteur. (Regarder le chapeau) Quel est son propos, sa démarche (étude, recherche, point de vue personnel ou témoignage) ? A quoi aboutit-il ? Quelles sont ses conclusions ?

Mots clefs

Ils doivent répondre aux trois questions : OU, QUAND et QUOI (ce qui fait déjà au moins trois mots clefs). En moyenne, 5 à 7 mots clefs permettront de cerner plus précisément le champ d'étude du document (discipline, domaines couverts, période ou points particuliers)

Présentation du contenu

Réalisez un résumé ou une contraction de texte de l'ouvrage lu. (Cf chapitre contraction de texte).

Sélectionnez quelques citations du document original sur quelques points particuliers qui vous ont plu ou marqué (idée, raisonnement, information, théorie...). Notez toujours les numéros des pages concernées : c'est indispensable pour réutiliser la fiche sans avoir à rechercher le livre ou le document par la suite. Attention la fiche de lecture n'est pas faite de :

- Paraphrases, de répétitions, de jugements de valeur, de critiques faciles ou superficielles, de procès d'intention, d'abus de citations.
- L'emploi du « Je » est banni ; il s'agit de l'auteur. Le « Je » est utilisé seulement lorsque vous expliquez pourquoi vous choisissez ce texte plutôt qu'un autre.

Eléments de bibliographie

Si, dans la bibliographie fournie par l'auteur, vous repérez quelques titres d'articles ou d'ouvrages que vous souhaiteriez consulter ultérieurement ; vous pouvez les noter.

Eléments d'iconographie

Si le document sur lequel vous travaillez comporte des cartes, des graphiques, des tableaux, des photographies ou tout autre document visuel que vous trouvez intéressant, vous pouvez en garder la trace ici, en notant le titre et le numéro de page.

Appréciations personnelles

Quels sont les éléments importants qui structurent l'ouvrage ? A quelle(s) autre(s) lecture(s) vous fait-il penser ? Confronter les approches de l'auteur à celles d'autres auteurs.

Exemple : Fiche de Lecture

Titre : Le Petit Villageois

Sous-titre : Le journal des nouvelles locales et des aventures extraordinaires

Article : Un Jeune Explorateur Découvre un Trésor Caché dans la Forêt Voisine

Auteur : DP

Date de Publication : 3 mars 2003

Mise en forme biblio : norme APA, norme Vancouver....

Mots clefs : aventure, trésors, courage

Résumé : L'article décrit l'aventure de Léo, un garçon de dix ans. Rêvant de devenir explorateur, Léo trouve une vieille carte menant à un trésor caché dans une forêt mystérieuse. Après plusieurs heures de marche, il découvre une grotte derrière une cascade contenant une boîte en bois avec des pierres précieuses et un journal d'un explorateur, révélant que le trésor a été caché pour un chercheur courageux. Comprenant que la véritable richesse réside dans les aventures et les histoires, Léo retourne chez lui où ses parents, initialement inquiets, sont fiers de son courage. Léo continue à explorer les environs, gagnant respect et admiration, montrant que les rêves peuvent devenir réalité pour les courageux.

Thèmes Principaux :

Aventure et exploration : Léo part à la découverte de terres inconnues, suivant les pas des héros de ses livres.

Rêves et aspirations : Léo nourrit le rêve secret de devenir explorateur et réalise ce rêve grâce à son courage et à sa détermination.

Courage et persévérance : Léo surmonte les obstacles de la forêt dense et mystérieuse pour atteindre son but.

Richesse véritable : La vraie richesse est dans les aventures et les histoires, plutôt que dans les trésors matériels.

Analyse :

L'histoire de Léo est une célébration de l'esprit d'aventure et de la poursuite de ses rêves. Elle montre comment la détermination et le courage peuvent mener à des découvertes extraordinaires. Le texte souligne également l'importance des leçons de vie apprises en cours de route, plutôt que la simple accumulation de biens matériels. Léo est un modèle de persévérance et de rêve réalisé, inspirant les lecteurs à croire en leurs propres capacités à réaliser leurs rêves les plus fous.

Appréciation Personnelle :
L'article est captivant. Il transporte le lecteur dans une aventure fascinante à travers les yeux d'un jeune garçon. Léo est un personnage attachant dont la détermination et le courage sont inspirants. Le texte est une belle métaphore sur l'importance de suivre ses rêves et de trouver de la valeur dans les expériences vécues.
Citation Inspirante :
« L'histoire de Léo nous rappelle que, parfois, les rêves les plus fous peuvent devenir réalité, surtout pour ceux qui ont le courage de les suivre. »

18. Observation et analyse d'une image, sculpture, situation…

Définition

L'analyse d'une image, d'une sculpture, d'une situation… implique de disséquer visuellement et d'interpréter les différents éléments qui la composent pour en comprendre le sens, le contexte et les messages qu'elle transmet. Avant de commencer l'analyse, il faut prendre le temps de regarder, d'observer dans son ensemble ce que vous avez devant les yeux. Cette étape que l'on nomme l'observation initiale, vous permettra de réaliser votre introduction.

L'observation initiale : Qu'est-ce que je vois

Pour introduire votre sujet, il vous faut tout d'abord décrire de manière objective et sans entrer dans le détail, ce que vous regardez. Posez-vous des questions toutes simples auxquelles répondre.

- Est-ce un dessin, une photo, un tableau, une sculpture, un diagramme, une situation X …
- Son titre ? Son auteur ? Sa date de création ?
- S'agit-il d'une publication ? Si oui citer la source.
- Quelle est la technique employée ? Photographie : argentique, noir et blanc, couleur…, une scène de la vie courante, une peinture à l'huile, à l'aquarelle…
- Préciser la nature de ce que vous observez. Est-ce une œuvre d'art ? une peinture ? un dessin, une photographie ? … Quel est son format actuel ainsi que celui d'origine ? Est-ce un diagramme ? en quoi est-il exprimé ? Est-ce une scène de la vie courante ou encore professionnelle ?

A partir de là, vous allez opérer un zoom sur ce que vous êtes en train d'observer. Que voyez vous ?

Faire une description détaillée
- Identifiez les personnages ou objets : Nommez et décrivez les éléments visuels présents dans l'image.
- Qu'est-ce qui est représenté sur l'image, la sculpture, la situation ?
- Quel est son thème ? est-il religieux, profane, historique, politique, sportif, une situation de soins ?...
- Quel est le sujet, la thématique principale ? Est-ce des personnages, des animaux, des objets, un paysage… ?
- Combien sont-ils ? sont-ils connus ? Si oui dire en quoi ?
- Quel est le lien entre le titre de l'image, de la scène, de la sculpture et le sujet abordé ?

Après avoir relevé l'ensemble de ces informations, il vous faut poursuivre la description objective et formelle de ce que vous observez.

Faire une description objective et formelle
Comment le sujet est-il représenté ? Analysez l'agencement visuel. Observez comment ces éléments sont disposés, comment l'espace est utilisé et comment ils interagissent entre eux. Vous devrez décrire et proposer une première analyse des éléments suivants comme par exemple :
- S'il s'agit d'une photo ou d'un film : le cadrage : plan américain, à la française…
- La lumière : est-elle surexposée, sombre…
- Les couleurs utilisées : magenta, noir et blanc…
- La typographie : quel type d'écriture, grandeur, épaisseur des traits….

- Pour une situation : les symptômes, les échanges entre les protagonistes…

Attention : il vous faut faire des phrases. Analyser nécessite d'expliquer et d'appuyer vos propos par ce que vous observez.

Mise en contexte

Après avoir réalisé la description détaillée, la mise en contexte fait appel la plupart du temps à de la culture générale, vos cours, ou un vécu. Pour vous aider, répondez à la question « Qu'est-ce que je sais » à propos de ce que j'ai devant les yeux. Cette interprétation que vous allez mener est toujours liée à une époque, un contexte politique, économique, culturel d'une période. Sa fonction peut être de convaincre, de critiquer, ou de représenter un événement, une situation. Vous devez donc mettre en contexte ce que vous voyez pour améliorer sa compréhension.

Pour l'étude du contexte, vous pouvez vous appuyez par exemple sur :

- Que savez-vous du contexte de création ? Historique, politique, économique, culturel : en quelle année/période/saison cette image a été réalisée : période de guerre, crise économique, hiver/été, périodes festives… ?
- L'auteur ou le réalisateur : qui est-il ? un artiste engagé ? si oui quel message essaie-t-il faire passer ?
- Pour une œuvre de quel mouvement artistique ou technique appartient-il ?
- S'il s'agit d'une situation vécue : expliquer où, quand….

Il faut inscrire l'observable, votre image par exemple, dans son contexte pour comprendre le message qu'elle veut faire passer.

Interprétation

Il vous faut maintenant Interpréter et critiquer ce que vous observez. Cette nouvelle étape répond à la question : « ce que j'en déduis ? ».

- Message et thème : Identifiez le message ou le thème principal que l'image pourrait transmettre. Réfléchissez à ce que l'image évoque et à ses implications.
- Identifiez les thèmes ou les éventuels symboles présents dans l'image et analysez leur signification possible.
- Réactions personnelles : Exprimez vos propres réactions et émotions envers l'image. Comment vous affecte-t-elle et pourquoi ? Réfléchissez également à l'impact émotionnel de l'image et à la manière dont elle pourrait influencer les sentiments des autres.

Synthèse et conclusion

Vous avez presque fini, il vous faut maintenant réaliser une synthèse et une conclusion.

Résumez vos observations et vos analyses pour présenter une conclusion synthétique sur l'image et ses significations potentielles.

Pensez à relier l'image à des idées plus larges ou à des événements contemporains pour une compréhension plus approfondie.

19. Le commentaire de texte : méthode

Définition

Le commentaire de texte est une méthode d'analyse qui consiste à étudier en profondeur un extrait d'un texte ou un texte entier. Voici, une méthodologie générale pour réaliser un commentaire de texte :

Lecture attentive du texte : Commencez par lire le texte plusieurs fois pour bien le comprendre. Identifiez les éléments clés, tels que les personnages, le lieu, l'époque, le ton, le style, les thèmes, etc.

Identification du contexte : Essayez de situer le texte dans son contexte historique, culturel et littéraire. Qui est l'auteur ? À quelle époque a t-il vécu ? Quelles sont les influences littéraires et philosophiques de l'auteur ? Quel est le genre littéraire du texte ?

Structure du texte : Analysez la structure du texte en identifiant les différentes parties, les paragraphes, les strophes (si c'est un poème), les dialogues, etc. Notez si le texte suit une structure particulière, comme un schéma narratif (exposition, développement, dénouement) ou un plan argumentatif.

Analyse du contenu : Analysez le contenu du texte en identifiant les thèmes principaux, les idées clés, les éléments symboliques, les métaphores, les images, les figures de style, etc. Essayez de comprendre ce que l'auteur cherche à communiquer.

Analyse du style : Étudiez le style de l'auteur en examinant le choix des mots, la syntaxe, la ponctuation, le rythme, la sonorité, etc. Identifiez les caractéristiques stylistiques qui rendent le texte unique.

Contexte de publication : Si c'est pertinent, renseignez-vous sur les circonstances de publication du texte, les réactions de la société à l'époque, les événements historiques liés, etc. Cela peut apporter des éclaircissements sur le sens du texte.

Interprétation personnelle : Formulez vos propres interprétations et analyses du texte en fonction de ce que vous avez découvert. Évitez les jugements hâtifs et assurez-vous de soutenir vos idées avec des preuves tirées du texte.

Citations et références : Incluez des citations du texte pour illustrer vos points et renforcez vos arguments. Assurez-vous de citer correctement en suivant les conventions de citation (généralement MLA, APA, Chicago, etc.).

Conclusion : Résumez brièvement vos principales conclusions et mettez en évidence l'importance du texte dans le contexte plus large de l'œuvre de l'auteur ou de la littérature en général.

Révision et correction : Relisez attentivement votre commentaire pour corriger les fautes de grammaire, d'orthographe et de syntaxe. Assurez-vous que votre analyse est claire et cohérente.

N'oubliez pas que le commentaire de texte est subjectif, et différentes personnes peuvent avoir des interprétations différentes du même texte. L'essentiel est de justifier vos idées avec des preuves solides tirées du texte et de développer une argumentation cohérente.

20. La dissertation : méthode

Définition
La méthodologie de la dissertation varie en fonction des disciplines académiques, mais elle suit généralement une structure de base qui comprend plusieurs étapes clés. Voici une méthodologie générale pour rédiger une dissertation :

Comprendre le sujet
Lisez attentivement la question ou le sujet de la dissertation et identifiez les mots-clés et les concepts importants. Assurez-vous de bien comprendre ce qui est demandé et déterminez le type de dissertation (analytique, argumentative, comparative, etc.).

La recherche
Effectuez des recherches approfondies pour recueillir des informations pertinentes et des sources académiques.
Prenez des notes soignées et organisez vos sources

La planification
Élaborez un plan clair pour votre dissertation. Cela peut être sous forme de liste, d'arborescence ou de schéma.
Déterminez l'introduction, le développement et la conclusion de votre travail.
Identifiez les principales idées ou arguments que vous souhaitez développer dans chaque paragraphe.

L'introduction
Présentez brièvement le sujet et son contexte.
Formulez votre thèse ou votre hypothèse principale.
Présentez brièvement la structure de votre dissertation (les points que vous aborderez).

Le développement

Organisez vos arguments de manière logique. Chaque paragraphe devrait avoir un point central.

Utilisez des preuves (citations, exemples, données) pour soutenir vos arguments.

Analysez et évaluez les preuves pour montrer leur pertinence et leur relation avec votre thèse.

Assurez-vous que chaque paragraphe se relie au précédent.

La conclusion

Résumez les points principaux de votre dissertation.

Réaffirmez votre thèse ou vos conclusions.

Élargissez la réflexion en montrant pourquoi votre travail est important et les implications de vos conclusions.

Évitez d'introduire de nouvelles idées dans la conclusion.

La révision :

Relisez et révisez votre travail pour corriger les erreurs grammaticales, de syntaxe et de style.

Assurez-vous que la structure de votre dissertation est logique et cohérente.

Vérifiez que toutes vos sources sont correctement citées selon le style de citation approprié (APA, MLA, Chicago, etc.).

La bibliographie :

Incluez une liste de toutes les sources que vous avez utilisées et formatez selon les normes de citation appropriées.

La relecture finale :

Relisez une dernière fois votre travail pour vous assurer qu'il est prêt à être soumis.

21. La contraction ou résumé de texte

Définition

La contraction de texte ou résumé consiste à réécrire un texte, en respectant un nombre imposé de mots (ou caractères). Il suit la progression et l'énonciation du texte original. Le but est de reformuler le texte avec ses propres mots de manière à donner un aperçu condensé du texte d'origine.

Intérêt de l'exercice

Le résumé répond à des besoins pratiques : lors des études et dans la vie professionnelle, toute recherche documentaire passe par un travail de résumé, nécessaire pour conserver une trace écrite (fiches) des documents consultés.

Le résumé est un exercice formateur. Il apprend à analyser un texte pour le comprendre puis le reformuler.

Le résumé exige :

- Une bonne compréhension du texte (pour éviter les contresens), de la logique et de l'objectivité (pour respecter la pensée d'autrui sans l'interpréter),
- Une syntaxe claire et rigoureuse, un vocabulaire riche et précis (pour reformuler des idées).

Méthode
Dégager les idées essentielles

Suivre l'ordre du texte d'origine. Il faut respecter le mouvement du raisonnement, la succession des idées.

Attention : cela ne signifie pas qu'il faille réduire tous les paragraphes dans les mêmes proportions ; certains paragraphes peuvent être sans grand intérêt. C'est la suite des idées principales qui doit être rendue.

Conserver le même système d'énonciation. Le résumé utilise les mêmes pronoms et les mêmes temps verbaux que le texte d'origine. Par exemple, si le texte d'origine utilise la première personne du singulier (je) et le présent de l'indicatif, le résumé fera de même. Il ne faut pas prendre de distance par rapport au texte ; sont donc exclues les formules du type : « Selon l'auteur... » ou « L'auteur dit que... ».

Reformuler le texte. Il faut absolument éviter de faire un assemblage de citations. Le rédacteur du résumé doit utiliser son propre vocabulaire. Cependant, pour les mots- clés, il est inutile de chercher des équivalents approximatifs qui conduiraient à gauchir le texte. Exceptionnellement, on peut citer entre guillemets une formule courte qui paraît particulièrement significative.

Respecter le nombre de mots imparti. Faites figurer à la fin du résumé le nombre exact de mots utilisés (ce total sera vérifié et toute erreur sanctionnée). On dispose d'une marge de plus ou moins 10 %. Par exemple, pour un résumé demandé en 200 mots, +/- 10 %, on peut utiliser entre 180 et 220 mots.

Attention : Soyez attentif à la méthode de comptage partiel indiquée dans la consigne. Certains concours demandent de placer une barre tous les 20 ou tous les 50 mots ; d'autres demandent d'indiquer en face de chaque ligne le nombre de mots qu'elle contient.

22.La synthèse de documents : méthode

Définition
La synthèse de documents consiste à condenser et résumer les informations les plus pertinentes et importantes provenant de plusieurs sources différentes. En suivant cette méthodologie, vous serez en mesure de créer une synthèse de document efficace, mettant en évidence les informations clés et démontrant une compréhension approfondie du sujet traité.

Compréhension du sujet
- Réaliser un tableau au brouillon. Faites autant de colonnes que de textes. (colonne 1 = texte 1 ; colonne 2 = texte 2...).
- Analyse des documents : Lisez tous les documents à synthétiser. Identifiez le thème central ou la question autour de laquelle les documents sont regroupés
- Relevez les idées clés, les arguments, les données importantes et les conclusions.
- Retranscrire les informations correspondant au texte 1 dans la colonne 1 et ainsi de suite.

Organisation des informations en vous appuyant sur votre tableau
- Identifiez les thèmes récurrents ou les arguments clés qui se dégagent des documents.
- Trouvez le, ou les thèmes principaux, communs aux différents textes.
- Regroupez les idées similaires ou connexes ou au contraire les divergences d'idées. Vous avez ainsi dentifié les éléments fondamentaux et les informations indispensables pour répondre au sujet ou à la question posée.

- Classez les informations en fonction de leur pertinence et de leur importance dans la compréhension globale du sujet.
- Éliminez les informations redondantes ou secondaires

Création d'une structure pour la synthèse
- Une synthèse comprend toujours, une introduction, des parties développées alignées sur les documents sources, et une conclusion.
- Organisez les idées en suivant une structure logique. Par exemple, vous pouvez choisir de structurer la synthèse en fonction des thèmes ou encore des arguments principaux.

Rédaction de la synthèse :
- Introduction : Présentez brièvement le sujet et les documents dont vous synthétisez les informations. Énoncez clairement l'objectif de la synthèse. Donnez un aperçu du sujet, de sa pertinence et annoncez la manière dont vous allez aborder la synthèse.
- Corps de la synthèse :
  - Développez les idées principales en utilisant vos propres mots. Intégrez les informations des documents sources de manière cohérente.
  - Suivez la structure établie en développant les idées par document ou par thème. Faites des liens logiques entre les informations et assurez-vous d'inclure des citations précises si nécessaire.
  - Utilisez les connecteurs logiques pour rendre la synthèse fluide et assurer une transition cohérente entre les idées.
  - Évitez les redondances et supprimer les informations superflues. Concentrez-vous sur l'essentiel pour maintenir la concision.

- Conclusion : Récapitulez les points clés de la synthèse sans ajouter de nouvelles informations et mettre en avant les conclusions principales ou les observations importantes résultant de la synthèse.

Relisez votre synthèse
- Assurez-vous que la synthèse répond pleinement au sujet.
- Vérifiez la clarté, la cohérence et l'exactitude des informations synthétisées.
- Corrigez les éventuelles erreurs grammaticales, d'orthographes ou de syntaxe.

Citez vos sources
- Assurez-vous d'attribuer correctement les informations aux documents sources en utilisant les références appropriées.

Les normes de citation sont spécifiques à votre domaine d'étude ou à votre institution.

Respect des consignes
Vérifier la conformité : Assurez-vous que votre synthèse respecte les consignes spécifiques données par votre enseignant, en termes de longueur, de format et de contenu.

23. Le compte rendu : méthode

Définition
Le compte rendu est un document qui résume de manière concise et organisée les informations essentielles d'un événement, d'une réunion, d'une expérience ou d'une lecture. Voici une méthode générale pour rédiger un compte rendu.

Préparation
Identifiez clairement ce que vous devez rapporter dans votre compte rendu. Prenez des notes pendant l'événement ou l'expérience, en mettant l'accent sur les points clés, les idées principales, les conclusions et les actions importantes.

Structuration du compte rendu
- Introduction : Présentez brièvement le sujet, l'objectif de l'événement ou de l'expérience, ainsi que le contexte si nécessaire.
- Développement : Organisez les informations de manière logique, en suivant l'ordre chronologique ou thématique. Résumez les points importants, les résultats, les discussions, les décisions prises, etc.
- Conclusion : Récapitulez les points clés et, si nécessaire, proposez des recommandations ou des actions à entreprendre.

Clarté et concision
Utilisez un langage clair et précis. Soyez factuel. Évitez les termes techniques ou ambigus. Utilisez un langage simple et des phrases courtes. Soyez concis : Focalisez-vous sur les informations essentielles. Évitez les redondances et les détails inutiles.

Utilisation de titres et de sous-titres

Pour faciliter la lecture, utilisez des titres et des sous-titres pour structurer votre compte rendu. Cela permet aux lecteurs de naviguer facilement dans le document et de trouver rapidement les informations dont ils ont besoin.

Révision et correction

- Relisez votre compte rendu.
- Assurez-vous de l'exactitude des informations rapportées.
- Corrigez les éventuelles fautes d'orthographe, de grammaire ou de syntaxe.

Adaptation au public cible

Adaptez le style et le contenu au public. Tenez compte des besoins et des attentes du lecteur. Si le compte rendu est destiné à un public spécifique, (professeurs, amateurs, étudiants…) adaptez-le en conséquence.

Si nécessaire, incluez des supports visuels pour illustrer ou renforcer les points clés. (Graphiques, tableaux ou images)

En suivant ces étapes et en gardant à l'esprit la clarté, la concision et la précision du contenu, vous serez en mesure de rédiger un compte rendu complet et informatif, adapté aux besoins de votre audience. Il permettra une compréhension rapide et précise des informations présentées.

24. Le rapport : méthode

Définition
La rédaction d'un rapport nécessite une approche structurée et méthodique pour présenter des informations pertinentes de manière claire et organisée. Ne confondez pas le rapport avec le compte rendu. Voici une méthodologie générale pour la rédaction d'un rapport :

Définition de l'objectif du rapport
- Identifiez clairement le but de ce rapport. Est-ce qu'il doit présenter des résultats, formuler des recommandations ou fournir des informations.

Collecte d'informations et recherches
- Rassemblez les données, les faits, les analyses, et les sources nécessaires pour appuyer votre rapport.
- Utilisez des sources fiables et vérifiables.

Planification et structuration du rapport
- Définissez une structure logique pour votre rapport en organisant les informations de manière cohérente.
- Utilisez une introduction, des sections thématiques ou des chapitres, et une conclusion.

Élaboration du rapport
- Introduction : Présentez l'objectif du rapport, son contexte et un aperçu des informations qui vont être présentées.
- Développement : Organisez les informations en sections claires et distinctes. Présentez les données, analyses, arguments ou résultats de manière logique et séquentielle.

- Conclusion : Récapitulez les principaux points, tirez des conclusions et éventuellement proposez des recommandations ou des actions à entreprendre.

Rédaction du rapport

- Utilisez un langage simple et des phrases courtes pour rendre le rapport accessible. Évitez le jargon technique ou expliquez-le clairement s'il est nécessaire.

Si vous utilisez des sources externes, assurez-vous de les citer correctement conformément aux normes académiques ou professionnelles.

Révision et correction

- Relisez attentivement pour vérifier la cohérence, l'exactitude des informations, la grammaire, l'orthographe et la syntaxe.
- Assurez-vous que les données présentées sont exactes et cohérentes.

Utilisation de supports visuels

- Si nécessaire, incluez des supports visuels pour rendre les informations plus compréhensibles et attrayantes. (Graphiques, tableaux, images)

Présentation du rapport

- Assurez-vous que la mise en page correspond à l'institution dans laquelle vous êtes.
- Si le rapport est destiné à être partagé, assurez-vous qu'il est prêt pour la distribution, que ce soit en version imprimée ou électronique.

En suivant cette méthodologie, vous pouvez créer un rapport bien structuré, informatif et convaincant qui répond aux besoins de votre public cible.

25.Représentation

Définition

Une représentation est une expression, une image, ou une idée qui évoque ou symbolise quelque chose. Les représentations sont des moyens de saisir, de communiquer et de manipuler des informations sur le monde, souvent à travers des formes perceptuelles, verbales, ou symboliques.

Caractéristiques

Les représentations peuvent prendre différentes formes, telles que des images mentales, des symboles linguistiques, des dessins, des modèles, des simulations, etc. Elles sont utilisées pour traduire ou interpréter la réalité, ainsi que pour transmettre des connaissances et des idées.

Exemple : Une peinture d'un paysage est une représentation visuelle d'un endroit réel ou imaginaire. De même, une description verbale d'un événement historique est une représentation linguistique de cet événement.

---

26. Concept et conceptualisation

26.1. Concept

Définition

Un concept se réfère à une idée abstraite ou une catégorie mentale qui est étudiée, analysée ou discutée dans un domaine spécifique de la recherche. Les concepts de recherche servent souvent de fondation théorique pour formuler des hypothèses, concevoir des expériences et interpréter des résultats.

Caractéristiques

En recherche, les concepts sont des idées ou des phénomènes spécifiques qui sont étudiés pour mieux comprendre un sujet ou résoudre un problème. Ils peuvent être définis de manière opérationnelle et utilisés pour guider la collecte et l'analyse des données.

> **Exemple** : Dans le domaine de la psychologie, le concept de "résilience" peut être étudié pour comprendre comment certaines personnes surmontent les défis et les traumatismes.

26.2. Conceptualisation

Définition

La conceptualisation est le processus de développement et de clarification des concepts, idées ou phénomènes afin de les rendre appropriés à l'étude, à la compréhension et à l'analyse. Elle implique la définition précise des termes, la spécification des caractéristiques et des relations entre les concepts, ainsi que la création de cadres théoriques ou conceptuels pour guider la recherche et l'analyse. La conceptualisation peut également impliquer une révision et une clarification des concepts existants dans la littérature académique ou la pratique professionnelle afin de les adapter au contexte spécifique de la recherche.

Processus
- Identifier les concepts clés ou les phénomènes que vous souhaitez étudier.
- Définir les concepts : Les concepts sont ensuite définis de manière claire et précise, en tenant compte des différentes perspectives théoriques et des définitions existantes dans la littérature.
- Opérationnalisation des concepts : déterminer comment les concepts seront mesurés ou observés dans l'étude.
- Établir des relations : Les relations entre les concepts sont explorées et définies, souvent à travers la construction de modèles théoriques ou de cadres conceptuels.

Conceptualisation dans la recherche qualitative
En recherche qualitative, la conceptualisation est le processus dynamique d'exploration et de compréhension des concepts et des phénomènes d'intérêt à travers des méthodes flexibles et exploratoires. Elle vise à saisir la complexité et la diversité des expériences humaines, en permettant l'émergence de nouveaux concepts et thèmes à partir des données recueillies. La conceptualisation qualitative met l'accent sur la profondeur et la richesse des descriptions, ainsi que sur la compréhension des significations et des contextes.

> **Exemple** : Dans une étude qualitative sur le bien-être, la conceptualisation pourrait impliquer de comprendre les différentes dimensions du bien-être telles que perçues par les participants, en

explorant les facteurs influençant leur bien-être dans leur propre langage et cadre de référence.

Conceptualisation dans la recherche quantitative

En recherche quantitative, la conceptualisation est le processus de formulation précise et opérationnelle des concepts afin de les mesurer de manière objective. Elle implique la définition claire des variables, des indicateurs et des critères de mesure, ainsi que la sélection d'instruments de recherche appropriés. La conceptualisation quantitative vise à rendre les concepts observables et mesurables, souvent à travers l'utilisation de méthodes statistiques pour analyser les données.

Exemple : Dans une étude quantitative sur le bien-être, la conceptualisation pourrait impliquer de définir le bien-être comme une variable mesurable, en sélectionnant des indicateurs spécifiques tels que la satisfaction de vie ou le niveau de dépression, et en utilisant des échelles validées pour mesurer ces indicateurs auprès des participants.

En résumé, la conceptualisation est un processus fondamental dans la recherche, qui consiste à définir et à clarifier les concepts ou les phénomènes d'intérêt. Dans la recherche qualitative, elle se concentre sur l'exploration approfondie des concepts et des expériences humaines, tandis que dans la recherche quantitative, elle vise à rendre les concepts mesurables et observables afin de permettre une analyse objective des données.

27.Discipline

Définition
Une discipline fait référence à un domaine spécifique de connaissances, d'études académiques ou de pratiques professionnelles caractérisé par des méthodes, des concepts, des normes et des traditions communes. Les disciplines sont souvent organisées autour de sujets spécifiques et regroupent des chercheurs et des praticiens partageant des intérêts et des objectifs similaires.

Caractéristiques
Les disciplines peuvent être divisées en sous-domaines ou spécialisations avec ses méthodologies de recherche, théories et normes académiques qui lui sont propres. Elles contribuent à structurer et à définir le paysage académique en permettant la collaboration, la communication et le développement des connaissances dans des domaines spécifiques.

Exemple : La psychologie, la biologie, la physique, l'histoire, la linguistique et l'économie sont toutes des disciplines distinctes, chacune avec ses propres méthodes de recherche, théories et domaines d'application.

En résumé, les disciplines représentent des domaines spécifiques de connaissances organisés autour de méthodes, de concepts et de traditions communs dans la recherche.

28. Théorie

Définition

En recherche, une théorie est un ensemble cohérent de concepts, de principes et de propositions interconnectées qui expliquent ou prédisent un phénomène donné. Les théories fournissent un cadre conceptuel pour comprendre et interpréter les observations empiriques, ainsi que pour générer de nouvelles hypothèses et orienter la recherche future.

Caractéristiques

Les théories sont généralement basées sur des preuves empiriques et peuvent être testées, révisées et étendues à mesure que de nouvelles données deviennent disponibles. Elles sont souvent utilisées pour organiser la connaissance dans un domaine donné et guider la recherche empirique.

> **Exemple** : La théorie de l'évolution de Charles Darwin propose un cadre explicatif pour comprendre la diversité et l'adaptation des espèces au fil du temps, basé sur des concepts tels que la sélection naturelle et la variation génétique.

En résumé

Les théories fournissent des explications ou des prédictions sur des phénomènes donnés. Les théories peuvent être développées et testées au sein de différentes disciplines, contribuant ainsi à l'avancement des connaissances dans ces domaines.

29.Objet

Définition

En recherche, un objet peut se référer à l'élément ou au phénomène étudié dans le cadre d'une enquête, d'une étude ou d'une analyse. Les objets de recherche peuvent être des entités tangibles (comme des cellules, des organismes, des objets physiques) ou des entités abstraites (comme des idées, des concepts, des processus).

Caractéristiques

Les objets de recherche sont souvent examinés dans le but de comprendre leurs caractéristiques, leurs interactions et leurs effets. Ils peuvent être observés, interrogés, mesurés, manipulés pour répondre aux questions de recherche.

Exemple : Dans une étude sur la santé publique, les chercheurs peuvent étudier les effets de la pollution de l'air (objet de recherche) sur la santé humaine.

---

30. Le problème

Définition

Un problème, dans le contexte académique ou de recherche, est une question, une difficulté ou une situation qui requiert une investigation, une réponse ou une résolution. Il s'agit d'une situation qui pose un défi intellectuel, une interrogation ou une complexité à laquelle on cherche à apporter une compréhension, une explication ou une solution. Voici comment identifier et formuler un problème :

Identifier le sujet

Commencez par comprendre et cerner le sujet ou le thème qui suscite votre intérêt. Identifiez les aspects spécifiques qui pourraient poser question. Susciter ces questionnements ou présenter les zones d'incertitude.

Observer et questionner

Observez la situation ou le sujet en posant par écrit, des questions qui soulèvent des difficultés, des contradictions ou des points à approfondir. Ces questions permettent de délimiter le problème.

Rechercher les informations

Effectuez des recherches pour collecter des informations sur le sujet. Cela peut vous aider à mieux comprendre les différentes facettes du problème et à identifier des domaines spécifiques qui nécessitent une attention particulière.

Définir le problème

Une fois que vous avez identifié les aspects problématiques, formulez clairement le problème. Il doit être spécifique, bien défini, et articulé de manière à indiquer clairement ce que vous cherchez à résoudre ou à comprendre.

Contextualiser le problème

Situez le problème dans son contexte plus large pour en comprendre les implications, les enjeux, et les éventuelles conséquences. Cela aide à établir la pertinence du problème dans un cadre plus global.

Explorer les différentes perspectives

Considérez le problème sous différents angles ou perspectives pour en comprendre la complexité. Cela peut inclure des points de vue multiples, des approches variées, ou des implications dans différents domaines.

Rédiger le problème

Formulez le problème de manière claire et concise, en mettant l'accent sur les éléments essentiels. Il est important que la formulation du problème soit claire pour orienter efficacement votre recherche de solutions ou d'explications.

Exemple : « Le changement climatique et ses effets sur la biodiversité », le problème pourrait être formulé ainsi :
- « Quels sont les mécanismes du changement climatique qui menacent la biodiversité, et quelles mesures peuvent être prises pour atténuer ces effets négatifs ? ».
- Ce problème oriente la recherche vers l'identification des mécanismes du changement climatique affectant la biodiversité, ainsi que l'exploration des solutions potentielles pour atténuer ces effets néfastes.

31.La problématisation ou problématiser

Définition
La problématisation (ou son verbe d'action problématiser), est un processus intellectuel qui consiste à questionner, à interroger et à analyser une situation ou un sujet afin de mettre en lumière les éléments problématiques et les enjeux qui nécessitent une réflexion approfondie. C'est une étape essentielle dans la construction d'une recherche ou d'une analyse, car elle permet de définir clairement les axes d'étude, les questions à explorer et les problèmes à résoudre. La problématisation permet d'élargir la perspective et d'ouvrir des pistes de réflexion. Voici comment procéder pour problématiser un sujet :

Comprendre le sujet
Identifiez les éléments clés, les enjeux, et les aspects qui suscitent des interrogations ou des tensions.

Réaliser un questionnement approfondi
Posez-vous des questions ouvertes et analytiques qui explorent les différentes dimensions du sujet. Interrogez-vous sur les aspects contradictoires, les zones d'incertitude, les lacunes dans les connaissances actuelles ou les perspectives divergentes.

Identifier les points de tension
Identifiez les éléments qui rendent le sujet complexe ou problématique. Repérez les points de tension, les contradictions, les dilemmes ou les controverses liés au sujet.

Analyser les implications

Analysez les implications du sujet dans différents domaines ou contextes. (impacts sur la société, les individus, l'économie, l'environnement, etc.)

Contextualiser et mettre en perspective

Identifiez les différentes perspectives qui entrent en jeu et comment elles interagissent. Replacez le sujet dans son contexte historique, social, culturel, politique, ou scientifique.

Formuler la problématique

À partir des éléments précédents, formulez une problématique qui exprime de manière claire et précise les questions centrales que vous souhaitez explorer dans votre étude ou votre recherche.

Exemple : Pour le sujet « Impact des technologies sur les relations sociales ». La problématisation pourrait se faire en se posant des questions telles que

- : « Comment les technologies numériques transforment-elles les interactions sociales ? Quels sont les effets des réseaux sociaux sur la qualité des relations humaines ? Comment concilier les bénéfices et les risques des nouvelles technologies dans le tissu social ? ».
- Ces questions permettent de problématiser le sujet en explorant les implications complexes des technologies sur les relations humaines et en mettant en évidence les enjeux éthiques, sociaux et psychologiques liés à l'utilisation croissante des outils technologiques.

---

32. La problématique

Définition
La problématique représente la question centrale ou l'axe principal de réflexion autour duquel une étude, une recherche, ou une analyse est construite. C'est une formulation précise et claire du problème que vous allez explorer et analyser dans votre travail académique. La problématique définit le champ d'investigation, les axes de réflexion et les questions à explorer. Elle oriente la démarche intellectuelle et structure l'ensemble de votre réflexion. Voici comment construire une problématique :

Comprendre le sujet
Identifiez les éléments clés, les enjeux et les aspects essentiels du sujet.

Formuler une question centrale
Cette question doit être claire, précise et spécifique. Elle doit pouvoir être déclinée en plusieurs sous-questions pour explorer différents aspects du sujet. La problématique découle généralement d'une question principale autour de laquelle tournera votre analyse.

Délimiter le champ d'investigation
Précisez les limites de votre recherche en définissant les contours de votre problématique. Évitez de couvrir un champ trop large et gardez en tête que votre problématique doit être réalisable dans le cadre de votre travail.

Être spécifique et argumentatif
Évitez les formulations trop générales qui pourraient être abordées de manière superficielle. Formulez une problématique qui suscite la réflexion et qui demande une analyse approfondie.

Éviter les réponses évidentes
La problématique ne doit pas avoir une réponse évidente ou binaire (oui/non). Elle doit inviter à une réflexion nuancée, à l'exploration de différentes perspectives et à une analyse argumentée.

Guidez votre recherche
La problématique doit guider votre travail de recherche ou d'analyse en définissant les questions que vous allez explorer et les objectifs que vous souhaitez atteindre.

> **Exemple** :
> - Pour le sujet « Impact des réseaux sociaux sur la vie sociale », une problématique pourrait être formulée ainsi : « Dans quelle mesure l'usage intensif des réseaux sociaux affecte-t-il la qualité des relations interpersonnelles et la construction de l'identité individuelle dans la société contemporaine ? ».
> - Cette problématique guide votre analyse en mettant l'accent sur les interactions sociales et l'identité individuelle dans le contexte des réseaux sociaux, tout en invitant à explorer différents aspects de ce phénomène.

En résumé, une bonne problématique est une question spécifique, complexe et ouverte, qui guide la réflexion et la recherche en fournissant une direction claire pour l'analyse. Elle est essentielle pour structurer votre travail académique et lui donner une cohérence.

33.Mise en Page d'un Document Informatique

La mise en page d'un document informatique est essentielle pour assurer sa lisibilité, sa cohérence et sa conformité aux normes académiques.

Format du Document
Orientation : Portrait (vertical), sauf indication contraire.

Marges
Les marges recommandées sont de 2,5 cm de chaque côté (haut, bas, gauche, droite).
Attention : Si vous devez remettre votre document sous forme d'un dossier papier, les marges changent. Elles sont de 2,5 cm en haut, bas et à droite. La marge de gauche sera quant à elle de 3 cm pour supporter la reliure.

Police et Taille de Caractère
Utilisez la police Times New Roman ou Arial.
Utilisez une taille de 12 points pour le texte principal. Les titres peuvent être plus grands (14-16 points) et les sous-titres légèrement plus petits (12-14 points).
Les notes de bas de page sont de 10 points.

Espacement
Utilisez un interligne de 1,5 pour le texte principal.
Les citations longues et les notes de bas de page peuvent avoir un interligne simple.

En-têtes et Pieds de Page
Pieds de Page : Ajoutez des numéros de page au centre.
Titres et Sous-titres

Hiérarchisez les Titres
Titre Principal : Taille 16 points, gras, centré.
Sous-titres de niveau 1 : Taille 14 points
Sous-titres de niveau 2 : Taille 12 points
Sous-titres de niveau 3 : Taille 12 points
Numérotation des Titres
Format recommandé : Numérotation décimale (1, 1.1, 1.1.1, etc.)

Tableaux et Graphiques
Chaque tableau ou graphique doit avoir un titre, être numéroté et accompagné d'une légende descriptive. Placez le titre au-dessus. Centrez les tableaux et graphiques dans le document.

Justification du Texte
Justifier le texte

Références et Citations
Suivez le style de citation recommandé par votre université (par exemple, APA, MLA, Chicago).
Présentez les auteurs par ordre alphabétique
Placez la liste de références à la fin du document.

Annexe
Placez les informations supplémentaires, les graphiques détaillés ou des entretiens… dans des annexes à la fin du document. Chaque annexe doit être numérotée et titrée.

Révision Finale
Relisez attentivement le document pour corriger les fautes d'orthographe, les erreurs grammaticales et les incohérences de mise en page.

34.Présentation d'un document

Un dossier est organisé et structuré. Il nécessite toujours une :

Page de titre
Titre du projet : Indiquez le titre précis et concis du projet ou de l'étude + sous-titre (si nécessaire) complémentaires. Ces deux éléments sont placés au centre de la page et encadrés.
Nom de l'auteur : Mentionnez votre nom et vos coordonnées.
Institution : Indiquez le nom de l'université ou de l'organisation.
+ apposez les logos.
Date : Spécifiez la date de soumission du dossier.
Nom de l'enseignant et l'UE d'enseignement.

Page blanche

Page de Garde
Identique à la page de titre

Table des Matières
Introduction
Corps de texte
Conclusion
Références
Annexes

Cette présentation peut être utilisée dans le cadre de travaux académiques ou professionnels hors mémoire.

35. L'exposé oral : méthode

Définition

Un exposé oral est une présentation verbale devant un public, visant à informer, persuader ou divertir. C'est un outil de communication efficace pour transmettre des idées, des informations ou des arguments de manière interactive. Dans la pratique, cet exercice peut vous être demandé pour :

- Un entretien oral pour un concours, un stage, un recrutement, un bilan, …
- Dans la vie professionnelle : rapport d'activité, présentation puis échanges avec d'autres professionnels sur une problématique.
- À l'université.

Un exposé oral nécessite donc un développement méthodique ; sur un sujet précis, adressé à un auditoire que l'on connaît plus ou moins à la différence d'une conférence pour laquelle on ne connaît pas le nombre et les membres de l'auditoire.

Intérêt d'un exposé oral

- Communication efficace : il permet une communication directe et interactive avec le public, favorisant ainsi un échange d'idées plus dynamique que la communication écrite.
- Clarté et impact : un exposé oral doit transmettre des informations de manière claire et concise. La voix, les gestes ainsi que des supports visuels ont un impact sur le message que vous souhaitez faire passer.
- Engagement du public : il favorise l'engagement du public en encourageant l'interaction, les questions et les discussions, ce qui peut rendre le sujet plus mémorable et intéressant.

- Développement des compétences : il offre l'opportunité de développer des compétences en prise de parole en public, en organisation des idées et en gestion du temps.
- Exercice demandé fréquemment aux étudiants. Il permet de développer des capacités d'analyse et de synthèse à partir d'un sujet et de présentation orale. L'exposé oral est aussi un travail de mémorisation, de réflexion et de démonstration.
- De prendre conscience que l'on parle autant avec son corps qu'avec sa parole (émotions, gestes…)

Méthodologie pour préparer un exposé oral
- Définir l'objectif : identifiez clairement l'objectif de votre exposé (informer, persuader, divertir) et le message principal que vous souhaitez transmettre. Il est important de préciser le but de son intervention.
- Connaître le public : adaptez votre discours au public visé en tenant compte de ses connaissances, de ses intérêts et de ses attentes.
- Délimiter le sujet. Pour ce faire, « découper » votre sujet en plusieurs questions. Appuyer vous sur les différentes méthodes telles que la méthode SMART ou la méthode QQOCQP par exemple, ou encore les différents types de plan, comme le plan thématique, chronologique…

Exemple Sujet 1 : « La population active en France »
- Les actifs sont-ils plus nombreux aujourd'hui qu'avant ?
- Quel est le rôle et la place des femmes qui travaillent aujourd'hui ?
- Comment s'insèrent les jeunes dans le milieu professionnel aujourd'hui ?

Exemple Sujet 2 : « la violence en France »

> - De quelle violence parlons-nous ?
> - Quels sont les différents types de violences ?
> - Les actes de violences sont-ils plus nombreux aujourd'hui qu'avant ?

Préparer l'intervention et son contenu

- Lisez la consigne pour répondre correctement au travail qui vous est demandé et ne pas faire un hors sujet.
- Maitrisez le temps qui vous est imparti. Cela demande donc de savoir gérer son temps.
- Faites un plan à partir de son sujet, faire des recherches si besoin.

Vous devrez montrer vos compétences sur le sujet, votre impartialité, pas de positionnement sans argumentation ni sans montrer les autres aspects possibles. Éviter les formules, « c'est bien, ce n'est pas bien ». Il faut être factuel et objectif.

Votre support papier doit être bien écrit : vous devez vous y retrouver rapidement.

Votre intervention doit s'appuyer sur un plan. Structurer l'exposé : organisez votre présentation en introduction, développement et conclusion. Utilisez une structure logique pour enchaîner vos idées.

L'introduction et la conclusion doivent être accrocheuses.

- Élaborer l'introduction : celle-ci doit annoncer l'objectif, le thème, la thèse soutenue, la problématique, le plan.
- Le développement doit être consistant et doit respecter ce qui a été énoncé par l'introduction. Construire un plan simple avec des parties équilibrées : simplifier le message, hiérarchiser les informations de la plus simple à la plus complexe, du général au particulier, de l'abstrait au concret.
- Élaborer la conclusion : reprendre les points essentiels, réfléchir à la sortie (renvoyer un questionnement, élargir le

débat…). La conclusion doit reprendre le développement ne terminant par une ouverture du sujet.

- Se préoccuper des moyens de la salle, des équipements, des supports (vie professionnelle).
- Pratiquer et répéter : entraînez-vous plusieurs fois avant la présentation pour améliorer votre élocution, votre posture et votre confiance en vous.

Vérifier le contenu, le vocabulaire utilisé. À l'oral, il faut privilégier les verbes à la forme active. Utiliser le présent. Éviter les termes évasifs : les gens, il y a, au niveau de, le problème…
Utiliser des supports visuels : des diapositives PowerPoint, des graphiques, des images ou des vidéos peuvent renforcer visuellement votre message, mais assurez-vous qu'ils complètent votre exposé sans le surcharger.

Le jour J : Il est impossible de revenir sur le contenu, le temps de la réflexion est terminé.

- Il faut gérer le temps (pas trop d'exemples le cas échéant). Il faut donc se préparer, s'entraîner. Ne pas oublier de prévoir du temps pour les questions.
- Parler assez fort avec une vitesse moyenne et un ton dynamique.
- Eviter les phrases, ne pas s'essouffler, bien articuler.
- Votre regard doit croiser celui de tout l'auditoire, ou des membres du jury. Adopter une attitude corporelle ouverte.
- Vous pouvez vous appuyer sur un document, mais celui-ci ne doit contenir que les idées essentielles abordées.
- Ne pas lire ses notes.
- Choisir une syntaxe simple et faire des phrases courtes : sujet, verbe, complément

- Donner la définition des mots supposés inconnus de l'auditoire.
- Maintenir l'attention de l'auditoire : rythme, qualité de l'élocution, humour.
- Surveiller la qualité de la langue : les défauts les plus courants comme les mots parasites et les défauts de prononciation.

Après votre intervention, réaliser une auto-évaluation dans le but de vous améliorer. Prenez du recul pour évaluer ce qui a bien fonctionné et ce qui peut être amélioré pour vos futures présentations. Est-ce le fond ? La forme ? Une mauvaise préparation ?...

En combinant une préparation minutieuse, une communication efficace et une bonne interaction avec le public, un exposé oral peut être un moyen puissant et persuasif de transmettre des informations et de captiver un auditoire.

36.Le Power point : méthode

Définition

Un Power point est un outil venant en appui d'une communication orale. Il vient illustrer vos propos lors d'un exposé, une présentation, un cours, une conférence, une soutenance... Il permet donc de combiner votre oral avec un texte, des images, des animations, des vidéos (courtes) afin que l'auditoire et une meilleure compréhension de votre exposé.

Sa construction nécessite d'être pensée pour que le message que vous souhaitez faire passer soit clair et en corrélation avec votre oral.

Un Power point doit être : Clair, lisible, simple et doit prendre en compte des contraintes comme la durée, le lieu, le contexte, de votre intervention ainsi que l'auditoire auquel vous vous adressez. Certaines règles sont donc à respecter, car le Power point, ne doit pas entraver votre exposé, mais le complémenter.

Le Power point se construit à partir de trois éléments imbriqués les uns dans les autres :
- La présentation et sa structure,
- Les diapositives,
- Le contenu dans les diapositives.

Puis, vous devez décider de l'ordre dans lequel vos idées vont apparaitre. Une fois, cette étape réalisée, diviser le sujet en plusieurs diapositives individuelles.

La présentation et sa structure
- Une diapositive de titre. Le titre de l'intervention, la date, le lieu et votre nom seront indiqués.

- Une diapositive d'introduction, qui énumère les points ou les thèmes principaux de votre présentation, style plan.

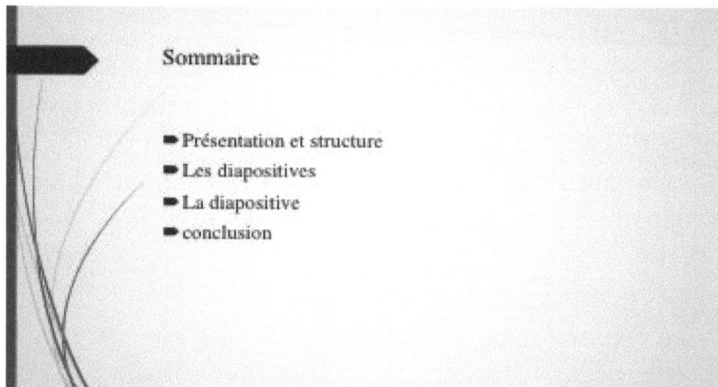

- Une diapositive principale où figure le sujet ainsi que la problématique.
- Autant de diapositives qu'il faut pour chaque point ou thème cité dans la diapositive d'introduction.
- Une diapositive de conclusion qui contient la réponse à votre problématique.

- Une diapositive pour les ressources documentaires consultées (bibliographie).

Votre présentation doit rester simple, efficace et donc facile à comprendre. Ne mettez pas trop d'informations dans votre présentation. Allez à l'essentiel et expliquez d'une façon brève les idées. Rappelez-vous que le power point est un support.

Les diapositives
- Titrer chaque diapositive
  Il peut y avoir des sous-titres. Pour cela utiliser les puces. Attention pas plus de deux ou trois sous-titres par diapositive, car le message devient trop difficile à comprendre.
- Ne pas surcharger de couleurs.
- Utilisez des arrière-plans discrets et maintenez un contraste important entre la couleur d'arrière-plan et la couleur du texte.

Exemple :

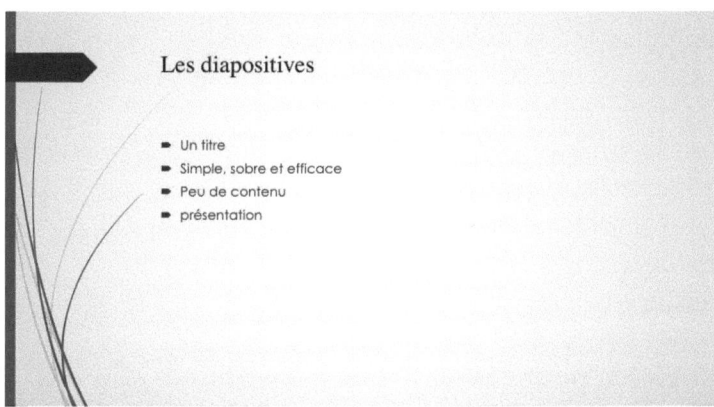

Fond blanc, couleur de texte noir. Les couleurs choisies ne doivent pas agresser votre auditoire.

- Utilisez une seule police de caractère avec ses variantes : gras, italique, taille pour l'ensemble du document. Privilégiez les polices d'écriture Arial, Times, Verdana.
- Choisir une taille de police appropriée (ex. 32 pour les titres, 28 pour les sous-titres, 24 pour le texte).
  - Le texte doit être à gauche.
  - Aérer les idées.

La diapositive

En moyenne, compter environ 10 secondes de lecture par diapositive et 60 secondes d'affichage par diapositive. Il faut donc aller à l'essentiel et votre diapositive ne doit pas être surchargée. Elle doit être sobre.

- Chacune de vos diapositives doit avoir un titre.
- Une à deux idées essentielles ou concepts différents au maximum par diapositive.
- Un maximum de six ou sept mots par ligne explicative. Privilégiez les phrases nominales.
- Utiliser des éléments visuels (images, organigrammes, graphiques) si besoin, pour faire passer votre message. N'oubliez pas le titre et surtout qu'il soit en lien avec le message passé.
- Ajouter si besoin, des illustrations significatives pour étayer le texte et les messages de vos diapositives.
- Créer des légendes claires pour vos graphiques et vos organigrammes.
- Vérifier l'orthographe et la grammaire.

En conclusion pour élaborer une présentation efficace

- Définir l'objectif de la présentation : clarifiez le but de votre présentation. S'agit-il d'informer, de persuader, de former ou de divertir ? Comprendre l'objectif aidera à orienter le contenu.

- Identifier votre public cible : adaptez le niveau de détail, le ton et le style en fonction de l'auditoire auquel vous vous adressez.
- Organiser le contenu : structurez votre présentation de manière logique en utilisant une introduction, un développement et une conclusion. Organisez vos idées de manière claire et séquencée.
- Concevoir un plan visuel : avant de commencer à créer des diapositives, concevez un plan visuel. Décidez de la disposition, des couleurs, des polices et de tout élément graphique que vous souhaitez utiliser.
- Réalisez un brouillon de chaque diapositive pour avoir une idée visuelle de la progression de votre présentation. Cela vous aidera à vous assurer que le contenu est bien organisé.
- Utiliser des diapositives claires et concises et limitez le contenu de chaque diapositive pour éviter la surcharge d'informations.
- Soigner la conception graphique : assurez-vous que la conception graphique est cohérente et attrayante. Utilisez des couleurs contrastées, une police lisible, et évitez les arrière-plans distrayants.
- Favoriser la lisibilité : assurez-vous que le texte est suffisamment grand et lisible depuis le fond de la salle. Favorisez des phrases courtes et des mots-clés.

Pour gérer le temps de manière efficace, répéter avant la présentation afin de vous familiariser avec le contenu. Vous pourrez dans un même temps travailler sur votre élocution.

37. La syntaxe

Définition

La syntaxe se réfère à la structure grammaticale et à l'organisation des mots et des phrases pour former des énoncés et des discours compréhensibles. C'est la façon dont les mots sont organisés pour créer des phrases cohérentes et significatives. La syntaxe comprend divers éléments :

L'ordre des mots

Les langues ont des règles spécifiques concernant l'ordre des mots pour former des phrases correctes. Par exemple, en français, l'ordre typique est sujet-verbe-objet, mais dans d'autres langues, l'ordre peut différer.

La Phrase

La phrase est une unité grammaticale composée d'un ou plusieurs mots qui exprime une idée complète.

Structure de la phrase : La syntaxe englobe la façon dont les phrases sont structurées, notamment l'utilisation des phrases interrogatives, déclaratives, exclamatives, etc.

Exemple : La phrase « Le chien a couru dans le parc » suit une syntaxe typique de l'ordre des mots en français, où le sujet (le chien) est suivi du verbe (a couru) puis de l'objet (dans le parc). Une modification de cet ordre peut altérer la signification ou la clarté de la phrase.

La syntaxe est primordiale pour la compréhension et la communication efficace, car elle détermine comment les mots et les phrases sont organisés pour exprimer des idées de manière logique et cohérente.

Exemples :
- « Le chat dort. » Elle comprend généralement un sujet et un prédicat.

Le sujet est ce dont on parle dans une phrase, tandis que le prédicat indique ce que fait ou ce qui arrive au sujet.

Exemple :
- Le chien (sujet) aboie fort (prédicat). »

Les phrases peuvent êtres simples. C'est-à-dire qu'elles ne contiennent qu'une idée principale et un seul prédicat. Les phrases peuvent être dites complexes et contenir plusieurs idées. La phrase composée peut comprendre deux sujets ou plus liés par une conjonction, comme une virgule. La syntaxe permet de former des phrases complexes.

Exemples :
- Phrase simple : « Il pleut. »
- Phrase composée : « Le soleil brille, mais il fait froid. »

Les parties du discours

La syntaxe prend en compte la nature grammaticale des mots (noms, verbes, adjectifs, etc.) et leur rôle dans la phrase. Par exemple, où est placé un nom ou un adjectif par rapport au verbe.

Les compléments

Les compléments sont des mots ou des groupes de mots qui ajoutent des détails ou des informations à la phrase. Ils peuvent être des adjectifs, adverbes, groupes prépositionnels, etc.

> **Exemple** : « La fille, avec des boucles d'oreilles brillantes, sourit joyeusement. »

Concordance des temps et des formes verbales

La syntaxe gère la manière dont les verbes sont conjugués en fonction du temps (présent, passé, futur), de l'aspect et du mode pour exprimer correctement les actions.

Connexions et liens

Les connecteurs et les mots de liaison (comme les conjonctions) aident à relier les phrases et les idées pour former un discours cohérent.

Les conjonctions sont des mots utilisés pour connecter des parties de la phrase. Elles peuvent être de coordination (mais, ou, et, donc…), ou de subordination (parce que, bien que, si).

38. Les différents types de phrases

Définition
En grammaire, les types de phrases sont classés en fonction de leur structure et de leur fonction.

Phrase déclarative
Structure : Sujet + Verbe (+ Compléments)
Fonction : Exprime une déclaration, une affirmation ou une description. En résumé, elle fournit une information. Elle se termine par un point.

Exemple : « Le soleil brille. »

Phrase interrogative
Structure : Verbe + Sujet (+ Compléments)
Fonction : Pose une question. Elle se termine par un point d'interrogation

Exemple : « Le soleil brille-t-il ? »

Phrase impérative ou injonctive
Structure : Verbe (+ Sujet, si nécessaire)
Fonction : Donne un ordre, une instruction, une interdiction. Elle se termine par un point ou parfois par un point d'exclamation lorsque que l'injonction est forte.

Exemple : « Ferme la porte. »

Phrase exclamative

Structure : Sujet + Verbe (+ Compléments), parfois avec un point d'exclamation ou encore une expression

Fonction : Exprime une émotion forte ou une exclamation.

Exemples :
- On mange !
- Expression : « Quelle belle journée ! »

Phrase conditionnelle

Structure : Si (proposition conditionnelle), alors (proposition conséquente).

Fonction : Exprime une condition et la conséquence qui en découle.

Exemple : « Si tu viens, nous irons au cinéma. »

Phrase complexe

Structure : Comprend une ou plusieurs propositions indépendantes et une ou plusieurs propositions subordonnées.

Fonction : Exprime des relations de subordination entre les idées.

Exemple : « Bien que fatigué, il a continué à travailler. »

39. La ponctuation

Souvent oubliée ou mal utilisée, la ponctuation est essentielle pour la compréhension d'un texte. La ponctuation est un ensemble de signes utilisés dans l'écriture pour marquer la structure, la prosodie (référence à la poésie) et le sens des phrases. Voici une explication de certains des principaux signes de ponctuation avec des exemples :

Le point (.)
Le point est utilisé pour indiquer la fin de toute phrase déclarative.

Exemple : « Il pleut. »

La virgule (,)
La virgule sépare des éléments dans une série, des incises, marque une pause légère, ou isole des éléments dans une phrase.

Exemples :
- Séparation : « Elle a apporté des livres, des crayons, et du papier. »
- Incise : « Jean, le garçon timide, est venu nous voir. »

Le point-virgule (;)

En grammaire, le point-virgule (;) est un signe utilisé pour séparer des phrases indépendantes qui sont étroitement liées, créant ainsi une relation plus forte que celle établie par une simple virgule. Il est également employé pour séparer des éléments d'une liste complexe lorsque ces éléments contiennent déjà des virgules à l'intérieur.

Exemples :
- Séparer des phrases indépendantes : « Il pleuvait ; nous avons donc décidé de rester à la maison. »
- Séparer des éléments d'une liste complexe : « Dans sa valise, elle avait emporté des vêtements légers ; des chaussures de marche, robustes et confortables ; des livres pour la lecture ; et des provisions pour plusieurs jours. »

Les deux-points (:)

Les deux points introduisent une liste, une explication, une citation ou une conséquence.

Exemples :
- Liste : « Nous avons besoin de plusieurs choses : du lait, du pain et des œufs. »
- Explication : « Il avait une passion : l'astronomie. »

Les guillemets (" ")

Les guillemets encadrent le discours direct ou indiquent des citations, des dialogues. Les guillemets peuvent également permettre de mettre en évidence des mots.

Exemples :
- Citation : Elle a dit : « Je serai là demain. »
- Mot mis en évidence : Elle a lu le mot « émerveillé » dans le livre.

Les parenthèses ( )

Les parenthèses isolent des éléments supplémentaires dans une phrase, souvent des informations explicatives. Ces ajouts ne modifient pas le sens principal de la phrase.

Exemple : « La tour Eiffel (construite en 1889) est un symbole de Paris. »

Les crochets [ ]

Les crochets sont utilisés pour ajouter des clarifications ou des informations dans une citation.

Exemple : Il « [Le président] a annoncé une nouvelle politique. »

Les points de suspension (...)

Les points de suspension indiquent une omission dans une citation ou une pause dramatique.

Exemple : « Il hésita un moment... »

Le tiret (-)

Le tiret permet de marquer une pause ou d'isoler des éléments dans une phrase ou introduire un élément supplémentaire.

Exemples :
- Pause : « Je vais partir - à moins que tu ne veuilles venir. »
- Isolation : « Son chien - un golden retriever - est très affectueux. »

Le point d'interrogation (?)

Le point d'interrogation indique une question.

Exemple : « Où vas-tu ? »

Le point d'exclamation (!) :

Le point d'exclamation exprime une émotion forte ou une surprise.

Exemple : « Quel spectacle extraordinaire ! »

Chacun de ces signes de ponctuation a une fonction spécifique dans la structure des phrases et contribue à clarifier le sens du texte écrit. Ces signes de ponctuation sont des outils essentiels pour structurer et clarifier le sens d'une phrase ou d'un texte. Ils permettent d'exprimer les nuances, les émotions et les relations entre les idées.

40. Les connecteurs logiques

Définition
Les mots de liaison ou connecteurs logiques, servent à relier des idées et des phrases dans un texte ou une discussion, afin d'améliorer la cohérence et la compréhension.

N'oubliez pas que l'utilisation appropriée de ces mots de liaison dépend du contexte de votre texte ou de votre conversation et cela peut varier en fonction de la situation. Il est important de choisir le mot de liaison qui convient le mieux à ce que vous souhaitez exprimer.

Les connecteurs logiques : liste non exhaustive	
Addition et énumération	Et, de plus, en outre, par ailleurs, de surcroît, de même, de nouveau, encore, également, aussi, ensuite, d'abord, enfin, en premier, en deuxième…, premièrement, deuxièmement…, en plus, de surcroît, etc…
Opposition	Mais, cependant, pourtant, néanmoins, en revanche, toutefois, or, au contraire, par contre, d'un côté/d'un autre côté, cependant, alors que, etc…
Transition	Or, d'ailleurs, d'autre part, du reste, etc…
Condition	Sauf si, à condition que, à moins que, pourvu que, etc…

Les connecteurs logiques : liste non exhaustive (suite)	
Concession	Toutefois, de surcroît, néanmoins, cependant, voire, même si, quoi que, si bien que, etc…
Cause, conséquence, but	Car, en effet, parce que, puisque, vu que, étant donné que, donc, par conséquent, en conséquence, c'est pourquoi, puis, plus tard, grâce à, en raison de, alors, pour, afin de, d'où, de sorte que, dans le but de, en vue de, de peur que, de crainte que etc…
Chronologie	D'abord, ensuite, puis, enfin, après, avant, pendant, depuis, finalement, premièrement, secondairement…, en même temps, etc…
Explication	C'est-à-dire, en effet, autrement dit, en d'autres termes, notamment, à savoir, car, etc…
Comparaison	Comme, de même que, ainsi que, plus… que, moins… que, aussi… que, au mieux, comme, autant que, d'un côté/de l'autre, en revanche, à l'instar de, à la manière de, etc…
Conclusion, résumé	En conclusion, pour conclure, en résumé, en somme, en bref, pour finir
Illustration	Par exemple, ainsi, notamment, en particulier, entre autres, comme, pour illustrer, en d'autres termes, etc…

41.Les déterminants

Les déterminants sont des mots qui précèdent les noms et en indiquent le genre (masculin ou féminin), le nombre (singulier ou pluriel) et parfois d'autres caractéristiques comme la possession, la quantité, etc.

41.1. Les articles

Les articles définis : le, la, les, l', indiquent que le nom est connu et déterminé.

Exemple : « Le chat Léon. »

Les articles indéfinis : un, une, des, indiquent que le nom est indéterminé.

Exemple : « Un chat dans le jardin. »

Les articles partitifs indiquent une quantité indéterminée de quelque chose qui ne peut pas être compté : Du (de + le), de la, des, de l'(devant une voyelle ou un h muet)

Exemple : « Il y a de la nourriture pour les chats ».

41.2.Les adjectifs démonstratifs

Les adjectifs démonstratifs sont utilisés pour désigner ou montrer quelque chose ou quelqu'un de précis. Ils s'accordent en genre (masculin ou féminin) et en nombre (singulier ou pluriel) avec le nom qu'ils déterminent.

Les adjectifs Démonstratifs sont : Ce, cet (devant une voyelle ou un h muet), cette, ces

Exemples :
- « Ce livre est intéressant. »
- « Cet arbre est magnifique. »
- « Cette maison est grande / Cette école est proche. »

Au sein d'une phrase, ils sont souvent accompagnés de compléments ou d'indications supplémentaires pour préciser de quoi ou de qui il s'agit rendant les propos plus clairs et précis.

Exemple : « Regarde ces fleurs, elles sont magnifiques ! »

41.3.Les adjectifs interrogatifs et exclamatifs

Les adjectifs interrogatifs appelés aussi déterminants interrogatifs sont utilisés pour poser des questions sur l'identité, la nature, la qualité ou la quantité d'un nom. Ils s'accordent en genre (masculin ou féminin) et en nombre (singulier ou pluriel) avec le nom qu'ils déterminent. Ils sont utilisés pour poser des questions directes ou indirectes.

Les adjectifs interrogatifs sont : Quel, quelle, quels, quelles.

Exemples :
- « Quel jour sommes-nous ? »
- « Quels livres voulez-vous ? »

En dehors de ce rôle de déterminant, les adjectifs interrogatifs s'emploient aussi comme attributs, comme de véritable adjectif.

Exemple : « Quelle est votre voiture ? »

Bien que les adjectifs exclamatifs et interrogatifs aient la même forme, leur usage diffère. Les adjectifs exclamatifs mettent en avant l'émotion et l'intensité du sentiment exprimé. Les adjectifs exclamatifs expriment des émotions fortes, tandis que les adjectifs interrogatifs servent à poser des questions.

Exemple : « Quelles idées innovantes ! »

41.4. Les adjectifs indéfinis

Les déterminants indéfinis appelés aussi adjectifs indéfinis sont utilisés pour exprimer une quantité imprécise ou pour désigner des personnes ou des choses de manière non spécifique. Ils peuvent être utilisés pour introduire des noms de manière vague, sans donner de précision exacte sur l'identité ou la quantité.

Les adjectifs indéfinis sont : Aucun, autre, certain, chaque, différents, divers, l'un et l'autre, n'importe quel, maint, même, nul, pas un, plus d'un, plusieurs, quel, quelconque, quelque, tel, tout.

> **Exemples** :
> - « Certaines personnes préfèrent le thé au café. »
> - « Chaque enfant a reçu un cadeau ».

41.5.Les adjectifs possessifs

Les adjectifs possessifs sont utilisés pour indiquer à qui appartient quelque chose. Ils s'accordent en genre (masculin ou féminin) et en nombre (singulier ou pluriel) avec le nom qu'ils déterminent, et non avec le possesseur.

Les adjectifs possessifs sont : mon, ton, son, ma, ta sa, mes, tes, ses, nos, vos, leur, notre, votre, leurs.

> **Exemples** :
> - « Mon cahier » / « Tes cahier » / Leurs cahiers »
> - « Leur enfant est malade. » / « Leurs enfants sont à l'école »

42. Les pronoms

De manière générale, les pronoms sont des mots utilisés pour remplacer des noms ou des groupes nominaux dans une phrase afin d'éviter les répétitions et de faciliter la fluidité du discours. Ils s'accordent généralement en genre et en nombre avec le nom qu'ils remplacent. Il existe plusieurs types de pronoms, chacun ayant ses propres règles d'utilisation.

42.1. Les pronoms personnels

Les pronoms personnels remplacent les noms de personnes, d'animaux ou de choses. Ils peuvent être sujets, objets directs, objets indirects, ou toniques.

Les pronoms personnels sujets
Les pronoms personnels sujets sont les pronoms de conjugaison. Le verbe conjugué s'accorde toujours avec le pronom sujet. Il peut être remplacé par un groupe nominal accordé en genre et en nombre avec lui. Il ne peut être supprimé de la phrase. Les pronoms sujets sont : je, j' devant un mot débutant par une voyelle ou un h muet, tu, il/elle/on, nous, vous, ils/elles, on.

Exemples :
- « Je pense que j'ai soif. »
- « On l'a prévenu. »

Les pronoms toniques

Les pronoms toniques s'utilisent quand il n'y a pas de verbe conjugué après le pronom. Ils peuvent remplacer un nom ou un autre pronom et peuvent être séparés du verbe. Les pronoms toniques sont : **moi toi lui** elle nous vous **eux** elles.

> **Exemple** : « Méfie-toi de tes ennemis. »

Les pronoms personnels COD et COI

Les pronoms personnels COD et COI servent à remplacer un nom ou un groupe nominal pour éviter la répétition d'un même mot.
Les pronoms personnels COD s'utilisent avec des verbes sans préposition. Ils remplacent une personne, un animal ou une chose.
Les pronoms COD sont : me, te, le/la/l', nous, vous, les.

> **Exemple** : « J'ai rangé tes chaussures » / « Je les ai rangés. » « tes chaussures » COD. Pour éviter la répétition utilisation de « les ».

Les pronoms personnels peuvent être aussi des pronoms COI. Ils s'utilisent avec des verbes construits avec une préposition. Les pronoms COI sont : me, te, lui, nous, vous, leur.

> **Exemples** :
> - « J'ai téléphoné à Léon. » / « Je lui ai téléphoné. » Le COI « à Léon » peut être remplacé par « lui ».
> - « J'ai téléphoné aux enfants ». / « Je leur ai téléphoné. » Le COI « à ses parents » est au pluriel. Il peut être remplacé par le pronom « leur ».

Attention : Les pronoms personnels COI ne peuvent remplacer que des personnes ou des animaux.

Les pronoms réfléchis

Les pronoms réfléchis sont utilisés avec les verbes pronominaux pour indiquer que le sujet du verbe agit sur lui-même. Ils sont essentiels pour former des verbes pronominaux, qui sont des verbes conjugués avec un pronom réfléchi. Les pronoms réfléchis sont : me/m', te/t', se/s', nous, vous, se/s'.

> **Exemple** : « Elle m'encourage et me soutient dans ma décision. Il se souvient de moi. »

42.2.Les pronoms possessifs

Les pronoms possessifs remplacent un nom précédé d'un adjectif possessif. Ils permettent ainsi d'éviter une répétition.

Les pronoms possessif			
le mien	les miens	la mienne	les miennes
le tien	les tiens	la tienne	les tiennes
le sien	les siens	la sienne	les siennes
le nôtre	les nôtres	la nôtre	les nôtres
le vôtre	les vôtres	la vôtre	les vôtres
le leur	les leurs	la leur	les leurs

Ils s'accordent en genre (masculin ou féminin) et en nombre (singulier ou pluriel) avec le nom qu'ils remplacent.

> **Exemples** :
> - « Ces idées sont les vôtres ».
> - « Ces idées sont les tiennes ».

42.3.Les pronoms démonstratifs

Les pronoms démonstratifs sont utilisés pour désigner ou montrer une personne, une chose ou une idée. Ils remplacent un nom déjà mentionné ou sous-entendu. Ils s'accordent en genre (masculin ou féminin) et en nombre (singulier ou pluriel) avec le nom qu'ils remplacent. Les pronoms démonstratifs sont couramment utilisés pour comparer des personnes ou des choses.

Les pronoms démonstratifs		
	Forme simple	Forme composée
	Celui	celui-ci / celui-là
	Ceux	ceux-ci / ceux-là
	Celle	celle-ci / celle-là
	Celles	celles-ci / celles-là
Forme neutre	Ce	ceci / cela / ça

Ils peuvent être dit simple. Ils sont alors utilisés seuls ou accompagnés de prépositions, de propositions relatives ou de compléments.

Exemples :
- « Celui qui parle est mon frère. »
- « J'aime celle que tu portes ».

Ils peuvent être dit composé lorsqu'ils sont associés avec « ci » ou avec « là » afin de préciser une proximité ou un éloignement, « ci » pour indiquer la proximité, et « là » pour indiquer l'éloignement.

> **Exemples** :
> - « Celles qui sont là-bas sont anciennes. »
> - « Celles-là sont à ma sœur. »
> - « Celui-ci est moins cher que celui-là. »
> - « Celle-ci est plus jolie que celle-là. »

Les pronoms démonstratifs neutres sont utilisés pour désigner une idée, un concept, ou une phrase entière plutôt qu'un nom précis. Ces pronoms ne s'accordent ni en genre ni en nombre, car ils se réfèrent à des abstractions ou à des situations générales.

Ce, est utilisé principalement avant le verbe être et certains autres verbes pour introduire une idée, désigner une situation ou une idée déjà mentionnée ou qui va être expliquée.

> **Exemples** :
> - « C'est intéressant. »
> - « Ce sont mes amis. »

Ceci et Cela servent à établir une distinction entre deux idées ou présenter quelque chose à venir ou qui a déjà été mentionné.

> **Exemples** :
> - « Ceci est facile à comprendre. »
> - « Cela me semble compliqué. »

Contexte : Assurez-vous que le pronom démonstratif neutre choisi correspond bien au contexte de la phrase pour éviter les ambiguïtés. Les pronoms démonstratifs neutres sont essentiels pour exprimer des idées abstraites ou des situations de manière claire et concise. Ils permettent de simplifier le discours en évitant les répétitions et en rendant les phrases plus fluides.

42.4.Pronoms Relatifs

Les pronoms relatifs remplacent un nom et introduisent une proposition subordonnée relative. Il sert de lien entre cette proposition et le nom (ou pronom) qu'il complète. En tant que pronom, il représente l'antécédent dans la subordonnée relative.

> **Exemple** : « Veux-tu manger le gâteau que je viens d'acheter ? » Ici, que marque le lien entre la subordonnée relative que je viens d'acheter au nom du gâteau. Pronom relatif « que » a lui-même une fonction par rapport au verbe acheter, à savoir COD.

Il existe des pronoms relatifs simples et des pronoms relatifs composés.

Simples : qui, que, quoi, dont, où, qu', devant une voyelle ou un h muet, lequel, laquelle, lesquels, lesquelles.

Composés : auquel, auxquels, auxquelles, duquel, desquels, desquelles.

> **Exemple** : « La chanson dans laquelle est la meilleure. »

42.5.Les pronoms interrogatifs

Les pronoms interrogatifs sont utilisés pour poser des questions sur une personne, une chose, une idée ou une quantité. Ils remplacent le nom ou le groupe nominal sur lequel porte la question. Il existe des pronoms interrogatifs simples et des pronoms contractés.

Forme simple : qui, lequel, que (qu', devant une voyelle ou un h muet), quoi, laquelle, lesquels, lesquelles

Forme contractée : auquel, auxquels, auxquelles, duquel, desquels, desquelles

---

Exemples :
- « Qui a fait ça ? »
- « Lequel préfères-tu ? »
- « Lesquels de ces articles sont intéressants ? »

42.6.Pronoms Indéfinis

Les pronoms indéfinis sont des mots qui remplacent des noms sans préciser leur identité ou leur quantité exacte. Ils peuvent donc désigner des personnes, des choses ou des quantités de manière vague ou générale.

Les pronoms indéfinis			
Singulier		Pluriel	
Masculin	Féminin	Masculin	Féminin
aucun	Aucune	certains	certaines
n'importe	n'importe	certains	certaines
lequel	Laquelle	certains	certaines
un tel	une telle	certains	certaines
plus d'un	plus d'une	les uns	les unes
le même	la même	n'importe lesquels	n'importe lesquelles
nul...	nulle...	...	...
Masculin singulier (invariable)		Masculin et féminin	
Rien		d'autres	
Quelque chose		beaucoup	
Personne		la plupart	
Quiconque		plusieurs	
...		...	

Exemples :
- « Quelqu'un a frappé à la porte. »
- « Personne n'a compris la question. »
- « Il n'y a rien à faire. »

43. Les participes passés « avoir » et « être »

Les participes passés « avoir » et « être » sont des éléments fondamentaux de la langue française. Ils sont utilisés dans la conjugaison des verbes aux temps composés, tels que le passé composé, le plus que parfait, le futur antérieur etc… Si cette règle semble maitrisée, celle concernant leur accord en genre et en nombre reste plus difficile. Bien comprendre ces règles permet de construire correctement les temps composés et d'accorder les participes passés en fonction du contexte grammatical.

43.1.Le participe passé « avoir »

Le participe passé « avoir » est utilisé pour former les temps composés des verbes transitifs directs. C'est-à-dire ceux qui n'ont pas besoin d'un complément d'objet direct. (COD)

> **Exemple** : « Elles ont mangé une pomme. » (Verbe transitif direct : manger quelque chose)

Règle d'accord en genre et en nombre : Le participe passé « avoir » ne s'accorde pas en genre et en nombre sauf s'il y a la présence d'un COD.

> **Exemple** : « Elles les ont mangées » (« les » représentent les pommes. « Les » répond à la question quoi ? « les » est donc un COD. Il y a accord.

43.2. Le participe passé « être »

Le participe passé avec « être » est utilisé pour former les temps composés des verbes intransitifs (ne prenant pas de complément d'objet direct) et des verbes pronominaux qui sont suivis d'un complément d'objet direct, lorsque ce complément est un pronom réfléchi

Règle d'accord en genre et en nombre : Le participe passé « être » s'accorde en genre et en nombre avec le sujet du verbe.

Exemples :
- « Elle est arrivée. » (Verbe intransitif : arriver)
- « Ils se sont lavés. » (Verbe pronominal : se laver). Elles se sont lavées.

---

44. Le complément d'objet direct

Définition

Le complément d'objet direct (COD) est un élément grammatical dans une phrase qui complète le verbe directement sans préposition. Il répond à la question « quoi ? » ou « qui ? » après le verbe. Pour identifier le COD, demandez « quoi ? » ou « qui ? » après le verbe de la phrase.

Exemple : « Elle mange une pomme. ». Dans cette phrase, « une pomme » est le COD, car elle répond à la question « quoi ? » après le verbe « mange ».

Le COD peut être un objet concret, comme dans l'exemple ci-dessus avec « une pomme », ou il peut être un pronom pour éviter la répétition d'un nom déjà mentionné. C'est un élément important en grammaire, car il aide à comprendre la relation entre les éléments d'une phrase.

Exemple : « Elle la mange. ». « la » représente la pomme

L'auxiliaire « avoir » et le COD

Le COD subit directement l'action du verbe sans l'aide d'une préposition. Lorsque le verbe est conjugué avec l'auxiliaire « avoir » dans les temps composés (passé composé, plus que parfait...), le participe passé s'accorde en genre et en nombre avec le COD.

Exemples avec le verbe « manger » :
- J'ai mangé une pomme. (Pas d'accord car le COD « une pomme » est placé après le verbe)
- J'ai mangé des pommes. (Pas d'accord car le COD « des pommes » est placé après le verbe)
- La pomme que j'ai mangée était délicieuse. (Accord avec le COD « la pomme » féminin singulier)

Dans les structures avec l'auxiliaire « avoir », seul le COD placé avant le verbe subit l'accord en genre et en nombre avec le participe passé.

45. Le complément d'objet indirect

Définition

Le complément d'objet indirect (COI) est un élément grammatical dans une phrase qui complète le verbe, mais contrairement au complément d'objet direct, il nécessite souvent l'utilisation d'une préposition. Il répond à des questions telles que "à qui ?", "à quoi ?", "de qui ?", "de quoi ?", etc., après le verbe.

Exemple : « Il parle à sa sœur. ». Dans cette phrase, « à sa sœur » est le COI, car il répond à la question « à qui ? » après le verbe « parle ».

Le COI peut être constitué d'un nom, d'un pronom ou d'une proposition introduite par une préposition. Il est essentiel pour préciser des relations indirectes entre le verbe et les objets concernés. Comprendre le COI est important pour structurer correctement les phrases et clarifier les relations entre les différents éléments.

46. La concordance des temps

Définition

La concordance des temps est une règle grammaticale qui stipule que, dans une phrase complexe composée de plusieurs propositions ou temps verbaux, les temps des verbes doivent être en harmonie ou en accord entre eux. Elle est utilisée dans des phrases subordonnées pour exprimer des actions qui se déroulent à des moments différents. Les temps verbaux dans ces phrases doivent être en relation logique les uns avec les autres pour refléter correctement la chronologie des actions. La concordance des temps permet de relier les événements ou les actions dans un récit de manière logique et fluide.

Exemples	
« Il a dit qu'il était fatigué. ».	Subordonnée à l'imparfait pour exprimer une action antérieure à celle exprimée par « Il a dit ».
« Elle sait qu'elle doit partir. »	Subordonnée au présent pour exprimer une action simultanée.
« Il a dit qu'il viendrait. ».	Passé composé dans la proposition principale, futur dans la subordonnée
« Il pleut, et les oiseaux chantent. ».	Présent dans les deux propositions
Elle a dit : « Je suis fatiguée. ».	Présent dans le discours direct, passé dans le discours rapporté
« Si j'avais su, j'aurais agi différemment. »	Imparfait dans la première proposition, conditionnel dans la seconde

47. Les faux amis

47.1. C'est, s'est, sait, sais, ses, ces

C'est	**Règle** : « C'est » est la contraction de « ce » et de « est ». « C'est » est utilisé pour présenter ou décrire quelque chose. Il peut être remplacé par la forme « cela est » **Exemple** : C'est une belle tenue. --> Cela est une belle tenue.
S'est	**Règle** : « S'est » est la contraction du pronom réfléchi « se » avec le verbe « être » conjugué au passé composé. « S'est » indique une action accomplie par le sujet. Il peut être remplacé par « me suis » ou par « se sont ». **Exemple** : Il s'est levé tôt ce matin. --> Ils se sont levés
Sais et Sait	**Règle** : Sais ou sait représentent une des formes conjuguées du verbe savoir « Sait » est la troisième personne du singulier du verbe et « sais » la deuxième personne. Pour savoir si vous êtes en présence du verbe, remplacer le par une autre forme du verbe savoir. **Exemple** : Il sait jouer du piano. --> Il saura jouer
Ses	**Règle** : « Ses » est un déterminant possessif. « Ses » est le pluriel de « son » ou « sa ». Il est utilisé pour indiquer la possession. Pour savoir si vous êtes en présence d'une possession, vous pouvez le remplacer par un autre déterminant possessif. **Exemple** : Luc mange ses bonbons. --> Luc mange mes bonbons.
Ces	**Règle** : « Ces » est un déterminant démonstratif. « Ces » est utilisé pour désigner des objets ou des personnes proches. Pour savoir si vous êtes en présence d'un déterminant démonstratif, vous pouvez le remplacer par un autre déterminant démonstratif. **Exemple** : Ces livres sont chouettes. --> ce livre est chouette.

47.2. Sont ou son

Sont	**Règle** : « Sont » correspond à la troisième personne du pluriel du verbe « être » de l'indicatif présent. Pour savoir si vous êtes en présence du verbe être, remplacer le par une autre forme du verbe. **Exemple** : Ils sont arrivés. -> ils étaient arrivés
Son	**Règle** : « Son » est un déterminant possessif, utilisé pour indiquer la possession. Pour savoir si vous êtes en présence du déterminant remplacer le par un autre déterminant possessif. **Exemple** : Voici son livre. -> Voici ton livre

47.3. À ou A

à	**Règle** : « à » est une préposition utilisée dans divers contextes. Elle peut indiquer : · Un lieu : Il va à l'école. · Une destination : Ce cadeau est à toi. · Un temps donné : Je vais partir à 10 heures. On peut également trouver sa présence dans certaines expressions comme : À cause de, à côté de, etc. Pour savoir si vous êtes en présence de cette préposition, utiliser une forme du verbe avoir. **Exemple** : Je vais partir à 10 heures. --> Je vais partir avais 10 heure n'existe pas donc « à » s'écrit avec un accent.
a	**Règle** : « a » correspond à la troisième personne du singulier du verbe « avoir » de l'indicatif présent. Pour savoir si vous êtes en présence du verbe avoir utilisez une autre forme du verbe avoir. **Exemples** : Elle a un chien. --> Elle avait un chien.

47.4. Ce, C', Se ou S', Ceux

Ce ou c'	**Règle** : « Ce » ou « c'» est un déterminant démonstratif utilisé pour désigner quelque chose de proche dans l'espace ou dans le temps. « Ce » ou « c' » est toujours placé devant un nom ou un adjectif. Pour savoir si vous êtes en présence d'un déterminant démonstratif, vous pouvez le remplacer par un autre déterminant démonstratif. **Exemple** : Ce livre est intéressant. --> Ces livres sont intéressants.
C'	**Règle** : « c' » peut-être un pronom démonstratif. Il est alors placé devant les verbes être, pouvoir, devoir ou devant un pronom relatif. **Exemple** : C'est une merveille. --> Ceci est une merveille.
Ceux	**Règle** : « Ceux » est le masculin pluriel de « celui ». C'est un pronom démonstratif utilisé pour désigner des personnes ou des choses spécifiques. **Exemple** : Ceux qui étudient, réussiront --> Celui qui réussi...
Se ou s'	**Règle** : « Se » ou « s'» est un pronom personnel réfléchi. Il est employé avec certains verbes pour indiquer que le sujet et l'objet de l'action sont la même personne. Pour savoir si vous êtes en présence d'un pronom personnel réfléchi, remplacez-le par un autre pronom personnel réfléchi. **Exemple** : Il se lave. --> Il me lave. Elle s'alimente --> Elle m'alimente.

47.5. Et, est, es, ai, ais, ait, aient

Et	**Règle** : « Et » est une conjonction de coordination. « Et » sert à lier des mots ou des groupes de mots de même nature ou fonction. Pour savoir si vous êtes en présence de cette conjonction, vous pouvez la remplacer par « et puis ». **Exemple** : Il aime le thé et le café. --> Il aime le thé et puis le café.
Es, est	**Règle** : « Est » et « es » correspondent à la troisième personne et la deuxième personne du singulier du présent de l'indicatif du verbe être. Pour savoir si vous êtes en présence du verbe être, remplacez-le par un autre temps de verbe être. **Exemple** : Il est grand. --> Il était grand.
Ai, Ais, Ait, Aient	**Règle** : Toutes ces formes correspondent au verbe avoir. Pour savoir si vous êtes en présence du verbe avoir, remplacez-le par un autre temps de verbe avoir. **Exemple** : J'ai une voiture. --> j'aurai une voiture.

47.6. Quel(s), Quelle(s), Qu'elle(s)

Quel(s) **Quelle(s)**	**Règle** : « Quel(s) et quelle(s) » sont des déterminants utilisés dans les formes interrogative ou exclamative. **Exemples** : • Quel livre préfères-tu ? -> Quels livres préfères-tu ? • Quelle folie ! Quelles sont les spécialités ?
Qu'elle(s) **Qu'il(s)**	**Règle** : « Qu'il(s) » ou « qu'elle(s) » sont la contraction de « que » avec le pronom il(s) ou elle(s). Pour savoir si vous êtes en présence de cette forme remplacez le pronom personnel par « il » ou « elle ». **Exemple** : Dès qu'elle est sortie. Dès qu'ils sont sortis. Dès qu'elles sont sorties.

47.7. Tout, tous, toute, toutes

Tout, **Tous,** **Toute,** **Toutes**	**Règle** : « Tout, tous, toute, toutes » peuvent-être déterminant indéfini et s'accorder en genre et en nombre avec un nom commun. Pour les repérer dans la phrase, chacune de ces formes est suivie d'un autre déterminant. **Exemples :** Tout le repas. Tous les convives. Toutes les filles. Toute la rue.
Tout, **Toute,** **Toutes**	**Règle** : « Tout, toute, toutes » peuvent-être adverbe. Ils se trouvent devant un adjectif qualificatif. Pour savoir s'il s'agit d'un adverbe, vous pouvez le remplacer par les mots : tout à fait ou entièrement. **Exemple** : Ces chaussures sont tout abîmées. --> Ces chaussures sont entièrement abîmées.
	Attention : si l'adjectif qualificatif est féminin celui-ci s'accorde. **Exemple** : La robe est toute froissée. --> Les robes sont toutes froissées.
Tout, **Tous,** **Toutes**	**Règle** : « Tout, tous, toutes » peuvent-être pronom indéfini. Dans ce cadre-là, ils sont le sujet du verbe ou son complément. Pour savoir si vous êtes en présence du pronom tout, tous ou toutes peuvent être remplacés par les pronoms « il » ou « elles ». **Exemples** : Tout bouge, tous mangent, toutes conduisent. --> Il bouge, ils mangent, elles conduisent.

47.8. Quelque(s), Quelque, Quel(les)

Quelque(s)	**Règle** : « Quelque (s) » en un seul mot, est un déterminant indéfini qui signifie « un peu », « environ ». Il est utilisé pour exprimer une approximation ou une indétermination. Il s'accorde seulement en nombre. **Exemples** : Il y a quelque chose qui cloche. Il m'a écrit quelques mots.
Quelque	**Règle** : « Quelque » peut-être aussi un adverbe. Dans ce cadre-là, il est invariable s'il est placé devant un adjectif, vous pouvez le remplacer par « aussi ». **Exemple** : Quelque illustres que soient ces dessinateurs, ils se sont rassemblés. Aussi illustres que soient ces dessinateurs, ils se sont rassemblés.
	**Attention** : Pour savoir si vous êtes en présence d'un déterminant ou d'un adverbe essayez de supprimer l'adjectif. Si l'adjectif peut être supprimé le mot quelque s'accorde. **Exemples** : Quelques illustres dessinateurs. Quelques dessinateurs
Quel(les) que	**Règle** : « Quel(les) que » s'écrit en deux mots. « Quel(les) » correspond à un adjectif et « que » à une conjonction de subordination. Ici le « Quel » s'accorde en genre et en nombre avec le verbe qui le suit et qui est au subjonctif. Il est utilisé pour introduire une condition, et signifie « peu importe ». **Exemples** : Quel que soit le temps, je sortirai. Quelle que soit la météo, je sortirai.

COMETU : COmpétences MEthodologies du Travail Universitaire. (s. d.). enseignementsup-recherche.gouv.fr. https://www.enseignementsup-recherche.gouv.fr/fr/cometu-competences-methodologie-du-travail-universitaire-48664

Neveu, F., Lemaître, D., & Sanselme, M. (1991). *Vers la maîtrise du texte : 2e : initiation aux exercices écrits du baccalauréat : syntaxe, orthographe, lexicologie.* Hachette.

Neveu, F., & Lemaître, D. (1992). *Vers la maîtrise du texte : préparation aux exercices écrits et oraux du baccalauréat : langue, rhétorique, stylistique. 1re terminale.*